AF414294

LE CLIMAT DES AFFAIRES ET LES INVESTISSEMENTS DIRECTS ETRANGERS DANS LA COMMUNAUTE ECONOMIQUE DES ETATS DE L'AFRIQUE CENTRALE(CEMAC)

Auteur : MFERE AKIANA Wolf Ulrich

Economiste-Chercheur au Centre d'Etudes et de Recherche sur les Analyses et Politiques Economiques(CERAPE), Brazzaville, République du Congo

Mail : akianaulrich@gmail.com/   ou   mferewolf@yahoo.fr

Tél : +242 065755087

CIP a Camerei Naţionale a Cărţii

Mfere Akiana, Wolf Ulrich

Le climat des affaires et les investissements directs étrangers dans la communauté économique des états de l'Afrique Centrale (CEMAC) /
Mfere Akiana Wolf Ulrich. – Chişinău : Generis Publishing (Online Marketing Group), 2020 (Print on demand). – 77 p. : fig., tab.

Referinţe bibliogr.: p. 63-67 şi în subsol.

ISBN: 978-9975-3421-1-7

339.727.22(6-191.2)

M 63

Cover Image: www.pixabay.com

Online orders: www.generis-publishing.com
Orders by email: info@generis-publishing.com

RESUME

L'objectif de ce travail est d'étudier les effets du climat des affaires sur les IDE entrants dans la zone CEMAC avec un accent particulier sur les indicateurs de Doing Business. A l'aide d'un modèle à effet fixe, l'étude montre premièrement que le climat des affaires a un effet négatif sur les IDE entrants dans la CEMAC. Ceux-ci ne sont donc pas proportionnels à leur climat des affaires. Ils dépendent essentiellement de la dotation des pays en ressources naturelles. Deuxièmement, aucun indicateur de Doing Business ne neutralise l'effet de ces dotations naturelles sur les IDE. Troisièmement, les pays de la CEMAC ont amélioré leur climat des affaires ces dernières années en mettant plus l'accent sur les indicateurs relatifs à la création d'entreprise, impôts et taxes et dans une moindre mesure le commerce transfrontalier qui sont des indicateurs économiques de Doing Business. Les implications de politique économique sont formulées dans ce travail afin de permettre aux pays de la CEMAC d'être plus attractifs vis-à-vis des investisseurs étrangers.

Mots clés *: IDE, climat des affaires, CEMAC, Doing Business.*

LISTE DES SIGLES ET ABREVIATIONS

ANIE	:	Agence Nationale d'Investissement et d'Exportation
ANPI	:	Agence Nationale pour la Promotion des Investissements
APEX	:	Agence de Promotion des Exportations
API	:	Agence pour la Promotion des Investissements
APIP	:	Agence de Promotion des Investissements Privés
BCEAO	:	Banque Centrale des Etats de l'Afrique de l'Ouest
BM	:	Banque Mondiale
BoI	:	Board of Investment
CARPA	:	Conseil d'Appui à la Réalisation du Contrat de Partenariat
CDE	:	Centre de Développement de l'Entreprise
CDEAO	:	Communauté pour le Développement des Etats de l'Afrique de l'Ouest
CEMAC	:	Communauté Economique des Etats de l'Afrique Centrale
CFCE	:	Centre de Formalités de Création des Entreprises
CFE	:	Centre de Formalité des Entreprises
CNUCED	:	Conférence des Nations Unies pour le Commerce et le Développement
DB	:	Doing Business
DDF	:	Distance De la Frontière
FGLS	:	Feasible Generalized Least Squares
FMI	:	Fonds Monétaire International
GUFE	:	Guichet Unique de Formalités des Entreprises
GUCE	:	Guichet Unique des Opérations du Commerce Extérieur
GUOT	:	Guichet Unique des Opérations Transfrontalières
IDE	:	Investissement Direct Etranger
ITIE	:	Initiative pour la Transparence des Industries Extractives
IZF	:	Investir en Zone Franc
LSDV	:	Least Squares Dummy Variable
MCG	:	Moindre Carré Généralisé
MCO	:	Moindre Carré Ordinaire
OCDE	:	Organisation de Coopération et de Développement Economique
PER	:	Programme Economique Régional
PIB	:	Produit Intérieur Brut
PME	:	Petites et Moyennes Entreprises
PVD	:	Pays en Voie de Développement
RCA	:	République Centrafricaine

UDEAC	:	Union Douanière des Etats de l'Afrique Centrale
UEMOA	:	Union Economique et Monétaire Ouest-Africaine
USD	:	Dollar Américain
WDI	:	World Development Indicator
ZES	:	Zones Economiques Spéciales

Table of Contents

I. INTRODUCTION

I.1. Contexte

Ces dernières années, les flux entrants d'IDE ont été assez volatiles en Afrique et les pays riches en ressources naturelles ont été les plus touchés par la baisse de ces apports. En 2016, les IDE vers l'Afrique sont ressortis à 11,5% du total des IDE dans le monde. Après le repli de 8% observé en 2015, les IDE vers l'Afrique sont repartis à la hausse en 2016, gagnant plus de 10%, à 56,5 milliards USD. En 2017, ils devraient atteindre 57,5 milliards (FMI, 2016 ; CNUCED 2016).

L'Afrique en général et la CEMAC en particulier possèdent des capitaux domestiques relativement faibles alors que les besoins d'investissements sont très élevés. En effet, le taux d'épargne moyen dans la zone CEMAC sur la période 1980-2011 avoisine 15,58% alors que le taux d'investissement est de 19,42%. En 2014, la zone CEMAC représente 0,48% des IDE dans le monde et 8% des IDE en Afrique (Akamé et *al.*, 2016). C'est donc une zone qui doit attirer davantage de capitaux extérieurs pour pouvoir financer sa croissance et son développement. Les pays de la CEMAC ont longtemps considéré les IDE comme un outil essentiel pour leur développement. Les données de WDI(2002) ont montré que les IDE représentaient plus de 50% du PIB dans 4 pays de la CEMAC au cours de la période 2008-2009. En 2012, par exemple le Congo, pays membre de la CEMAC était le 8ème pays d'accueil des IDE sur l'ensemble du continent africain en termes de stock, le 3ème sur les 48 pays d'Afrique subsaharienne (derrière l'Afrique du Sud et le Nigéria) et de loin, le 1er en Afrique Centrale.

On note cependant ces quatre dernières années, une baisse des IDE entrants dans la CEMAC bien qu'il soit observé en 2016-2017 une légère hausse des IDE entrants en Afrique. D'après la CNUDED (2017), les IDE entrants dans la CEMAC sont passés de 7.227,43 millions de dollars en 2014 à 3.478,84 millions de dollars en 2017. Aussi faudrait-il signaler que, comparativement aux flux d'IDE en direction des PVD, les IDE en direction des pays de la CEMAC sont restés modestes, ce qui nous pousse à se poser des questions sur le pouvoir attractif de ces pays et la nature des facteurs d'attractivité mis en place.

Le débat actuel porte sur la nécessité d'améliorer la qualité des indicateurs de Doing Business pour attirer les IDE car de plus en plus, le choix de localisation des firmes se rattache à la qualité de l'environnement des affaires. Qu'il s'agisse des plans « Cameroun Vision 2035 », « Congo Vision 2025 », « Plan stratégique Gabon Emergent » ou du « Plan national de développement du Tchad 2013-2015 », les études prospectives et les stratégies de croissance des pays de la CEMAC identifient les IDE comme éléments essentiels à la consolidation d'une croissance de longue durée. Or, nous constatons que l'environnement des affaires dans la zone CEMAC est caractérisé par des réglementations peu efficaces mais également par une faiblesse des institutions juridiques qui font qu'ils restent en retard en matière de réglementation des affaires. Le parcours de l'investisseur est souvent difficile dans la zone CEMAC et cela aux différentes étapes de vie de l'entreprise. Les contraintes pèsent au moment de la création jusqu'à la phase de liquidation avec des procédures lentes, coûteuses et pénalisantes. Ainsi, le rapport de Doing Business (2017) montre que les pays de la CEMAC monopolisent encore et toujours les bas-fonds du classement en occupant les deux dernières positions avec la Centrafrique, et le Tchad. Un regard plus détaillé de ces indicateurs, montre que les résultats sont souvent décevants pour la plupart des pays africains en général et ceux de la CEMAC en particulier. En République du Congo par exemple, une étude de Doing Business en 2015 a montré qu'il faut compter en moyenne 50 jours pour l'exportation de marchandises et 62 jours pour leur importation et ce, à un coût de 3818 USD pour les exportations et de 7709 USD pour les importations. En plus, 11 documents sont requis pour les exportations et 10 pour les importations et il faut 160 jours pour créer une entreprise alors que 2 jours suffisent en Singapour ou à la Nouvelle-Zélande.

L'ensemble de ces éléments permettent de suspecter que le cadre réglementaire et les procédures administratives des affaires dans la CEMAC pourraient être l'un des déterminants freinant l'attractivité des IDE. Il semble donc pertinent et nécessaire de trouver des voies de réformes en vue d'améliorer le climat des affaires pour attirer plus de capitaux extérieurs. De ce fait, pour faire de la CEMAC une destination privilégiée des flux d'IDE, et pour réussir leur politique respective des zones économiques spéciales (ZES) mieux encore leur politique d'industrialisation, les pays de la CEMAC devront fournir plus d'efforts pour améliorer leur environnement d'investissement et créer des conditions propices afin d'être plus attractifs ; d'où l'intérêt de mener cette recherche. Un autre intérêt que présente cette recherche est qu'elle vise à informer les décideurs de la CEMAC sur ce que doit être fait pour améliorer le climat des affaires et attirer les IDE.

I.2. Problématique et questions de recherche

Selon le rapport 2016 de Doing Business, il est plus difficile de faire des affaires dans les pays de la CEMAC, classés parmi les 25 derniers pays (sur 185) du classement mondial. Ces pays ont engagé des réformes réglementaires, économiques et institutionnelles pour améliorer le climat des affaires. Ils ont mis en place un cadre institutionnel légal d'appui au secteur privé et au climat des investissements. Mais l'opérationnalité de ces structures varie d'un pays à un autre avec des résultats peu probants. En effet, au Cameroun, le pays a mis en place, différentes institutions en appui à l'initiative privée nationale et étrangère. Le cadre institutionnel comprend principalement les centres de formalités de création des entreprises (CFCE, arrêté du 1er ministre de 2005), l'interface dans les démarches de création d'entreprises ; l'Agence de Promotion des Investissements (API, Loi du 19/04/2004) ; le Conseil d'Appui à la Réalisation de Contrats de Partenariat (CARPA, Loi n° 2006/012 du 29/12/2006) ; et le Guichet Unique des Opérations du Commerce Extérieur (GUCE, 1999).

Le Congo a mis en place un Centre de Formalités Administratives des Entreprises depuis 1994 (CFE) dont l'objectif est de faciliter la création d'entreprises dans des délais très courts (objectif fixé : 1h) et d'apporter l'appui requis à tout investisseur. Le pays s'est récemment doté d'un Guichet Unique des Opérations Transfrontalières (GUOT) et d'une Agence pour la Promotion des Investissements (API). Etablissement public placé sous la tutelle du Ministère du Développement Industriel et de la Promotion du Secteur Privé, l'API a pour rôle d'encourager les investissements des entrepreneurs nationaux, tant du secteur privé que public, et l'implantation d'entreprises étrangères. Doté d'une existence légale depuis août 2012 et de statuts en avril 2013, cet organisme bénéficie de l'appui du Board of Investment (BoI) de l'Ile Maurice, avec lequel il a signé un contrat de service et de conseil, et se met progressivement en ordre de marche. Au Gabon, les réformes institutionnelles engagées par le gouvernement ces dernières années dans le cadre de l'amélioration du climat des investissements et des affaires ont consisté à mettre en place deux institutions publiques qui incarnent cet engagement, le Centre de Développement de l'Entreprise (CDE) et l'APEX (Agence de Promotion des

Exportations). Le CDE s'est substitué, en juin 2011 par décret 0730 du 21 juin 2011 à l'Agence de Promotion des Investissements Privés (APIP).

En RCA, le gouvernement a créé le Guichet Unique de Formalités des Entreprises (GUFE) par décret présidentiel n° 08.357 du 8/10/2008 en application de la loi n° 01.010 du 16 juillet 2001 instituant une Charte des investissements. Ce guichet a pour objectifs : d'améliorer l'environnement des affaires (accueil et orientation des investisseurs nationaux et étrangers) et d'œuvrer à la simplification des procédures et des formalités de création, de modification, de dissolution ou de cessation d'activités des entreprises. En Guinée Equatoriale, un code des investissements visant à améliorer le climat des affaires a été promulgué par la loi 7 du 30 avril 1992 pour faciliter les affaires.

Au Tchad, le gouvernement a engagé un certain nombre de réformes pour améliorer l'environnement institutionnel des affaires. L'Agence Nationale des Investissements et des Exportations (ANIE) est mise en place par la loi 004/PR/2007. Sa mission est de fournir des conseils et une assistance technique aux promoteurs économiques dans la conceptualisation, la formulation, la réalisation et la gestion des projets d'investissements.

Sur le plan communautaire, les pays de la CEMAC ont adopté en 2017, un programme sur les réformes économiques et financières contenant 15 Objectifs généraux, dont le climat des affaires constitue le 10e objectif général.

Cependant, malgré cet arsenal du cadre institutionnel, politique et réglementaire mobilisé pour l'amélioration du climat des affaires et l'attractivité des IDE, on constate d'une part, une baisse des IDE dans la CEMAC et d'autre part, un mauvais classement des pays dans les rapports de Doing Business. Parallèlement, la quasi-totalité des pays de la CEMAC aspirent à l'émergence économique d'ici à l'horizon 2025 conformément au programme économique régionale (PER) alors que ces pays démontrent de faibles capacités d'attraction des investisseurs étrangers. Alors que le classement de Doing Business (2018), place l'Ile Maurice comme l'économie la mieux classée de la région d'Afrique Sub-saharienne (ASS) avec un rang mondial de 49 sur 190 pays, le Rwanda (56e), le Botswana (71e) et l'Afrique du Sud (74e), les pays de la CEMAC accuse un recul collectif. Sur la quasi-totalité des indicateurs, ils sont rangés parmi les pays les moins bien classés dans la région. Sur 190 pays classés, le Cameroun occupe le 163ᵉ rang ; le Gabon, 167ᵉ rang ; la Guinée Equatoriale, 173ᵉ rang ; le Congo, 179ᵉ rang ; le Tchad, 180ᵉ rang et la RCA, 184ᵉ rang (le Tchad et la RCA étant parmi les dix derniers pays du classement). La distance à la frontière de tous ces pays est inférieure à 50 dans Doing Business 2018 et aucun pays de la CEMAC ne figure dans la liste des 10 premières destinations pour les IDE en Afrique[1]. Cela montre qu'il ne fait pas bon investir dans la CEMAC et que les pays de la CEMAC ont encore beaucoup à faire en matière du climat des affaires et d'attractivité des IDE. Ainsi, les réformes régionales peuvent contribuer à réduire les risques de réversibilités et donc promouvoir l'initiation des règles permettant la décision à long-terme des investisseurs.

Partant d'une part de la théorie de Lahimer (2009) qui considère que les IDE jouent un rôle vital dans le développement de l'économie nationale, et qu'ils contribuent principalement au développement de la productivité de l'économie locale, à l'ajustement de la balance de paiement, à la création d'emplois, et à la restructuration industrielle ainsi qu' à la diffusion de la technologie, et d'autre part, du constat selon lequel, les pays qui attirent plus d' IDE dans le monde sont ceux-là qui ont entrepris des reformes conséquentes dans l'amélioration du climat des affaires à l'instar de Singapour et de la Chine, nous essayons d'analyser l'interaction de ce dernier avec la localisation des entreprises étrangères . Cela nous renvoie à déterminer les facteurs explicatifs des flux d'investissement dans la CEMAC en rapport avec le climat des affaires afin de permettre aux décideurs de la sous-région d'appliquer des politiques appropriées pour pouvoir attirer les IDE. Au-delà d'un manque de consensus dans les études empiriques sur les déterminants clés des flux de capitaux, il existe également peu d'études cherchant à mesurer l'impact du climat des affaires sur les flux d'IDE dans la CEMAC en s'appuyant sur les indicateurs de Doing Business proposés par la Banque Mondiale.

Les indicateurs de Doing Business regroupent des composantes économiques et réglementaires d'un pays nécessaires pour apprécier la qualité du climat des affaires. Ainsi, la question centrale que l'on se pose est de savoir, en quoi la qualité du climat des affaires pourrait-elle affecter l'attractivité de la CEMAC dans les flux d'investissements directs étrangers ? De cette question centrale, découle les questions subsidiaires suivantes :

---

[1] : Selon la CNUCED (2016), les dix premières destinations pour les IDE en Afrique (dans l'ordre) sont : l'Egypte, le Maroc, l'Angola, le Ghana, le Mozambique, l'Ethiopie, l'Afrique du Sud, le Nigéria, la Tanzanie et le Kenya.

1- Quel est l'effet de chaque indicateur de Doing Business sur les IDE entrants dans la CEMAC ?

2- L'attractivité des IDE dans la CEMAC peut-elle être expliquée par les efforts des pays dans les indicateurs économiques ou réglementaires de Doing Business ?

I.3. Objectifs de la recherche

> **Objectif général :**

Cette recherche a pour objectif général d'évaluer l'effet du climat des affaires sur les IDE entrants dans la zone CEMAC.

> **Objectifs spécifiques :**

De façon spécifique, la recherche poursuit les objectifs suivants :

1- Examiner l'effet de chaque indicateur de Doing Business sur les IDE entrants dans la CEMAC ;
2- Déterminer entre les composantes règlementaires et économiques de Doing Business, lesquelles favorisent plus l'attractivité des IDE dans la CEMAC.

I.4. Hypothèses de la recherche :

> **Hypothèse principale :**

Le climat des affaires a un effet négatif sur les IDE entrants dans la CEMAC.

> **Hypothèses spécifiques**

H_1 : Nombre des indicateurs de Doing Business dans la CEMAC agissent encore négativement sur l'entrée des IDE ;

H_2 : L'attractivité de la CEMAC à l'égard des IDE s'explique davantage par les composantes économiques de Doing Business.

La vérification de ces hypothèses requiert une modélisation économétrique.

Ce travail est organisé en sept (7) points. Après l'introduction (premier point), le deuxième point est réservé à la revue de la littérature qui aborde la revue conceptuelle, théorique et empirique sur la question ainsi que les enseignements tirés de cette revue. Le troisième point présente l'approche méthodologique avec les différentes méthodes utilisées en vue d'aboutir aux résultats. Le quatrième point présente les résultats obtenus et l'analyse qui en découle. Le cinquième point présente les recommandations de reformes communautaires. Le sixième point, est consacré aux remarques conclusives et le septième point indique la bibliographie.

II. REVUE DE LA LITTERATURE

Cette partie présente la revue conceptuelle, la revue théorique, la revue empirique et débouche sur les enseignements tirés de la revue de la littérature.

II.1.Revue conceptuelle

II.1.1.Climat des affaires

Le climat des affaires désigne au sens large l'environnement juridique, économique, fiscal et financier dans lequel évoluent les entreprises (Nabil, 2008). Il représente selon la Banque Mondiale, un ensemble d'indicateurs qualitatifs et quantitatifs mesurables utilisés pour apprécier et évaluer l'environnement des affaires d'un pays ou d'un groupe de pays donné. Ces informations portent sur des aspects politiques, économiques, sociaux et réglementaires. Une note plus élevée indique un environnement des affaires plus favorable à la création d'entreprise et au développement des entreprises. Le classement est déterminé en fonction des scores de distance à la frontière agrégés par rapport aux indicateurs de Doing Business.

Depuis 2006, la Banque Mondiale en collaboration avec la société financière internationale (International Financial Corporation) publie des rapports annuels qui évaluent les réglementations ayant une incidence sur dix étapes de la vie d'une entreprise à savoir : la création d'entreprises, l'obtention de permis de construire, le raccordement à l'électricité, le transfert de propriété, l'obtention de prêt, la protection des investisseurs, le paiement des taxes et impôts, le commerce transfrontalier, l'exécution des contrats et le règlement de l'insolvabilité. Ces indicateurs permettent en fonction d'une série d'indices d'établir un classement général des pays ou régions sur la facilité de faire des affaires. Ce classement se fait du meilleur, c'est-à-dire un environnement qui facilite la création d'entreprises et permet d'investir sans contraintes, vers le plus mauvais, correspondant à un environnement contraignant et défavorable aux investisseurs.

II.1.2.Investissements directs étrangers (IDE)

L'investissement direct étranger (IDE) est un processus où les entreprises résidentes dans un pays (pays mère ou source) acquièrent la propriété d'actifs dans un autre pays (pays d'accueil ou hôte) dans le but de contrôler la production, la distribution ou toute autre activité dans ce pays (Moosa, 2002).

Les investissements directs étrangers ou investissements directs internationaux désignent aussi les engagements des capitaux effectués en vue d'acquérir un droit de propriété conférant un pouvoir de décision effectif dans une entreprise à l'étranger[2]. Ils constituent à des achats des titres d'entreprises par des agents non-résidents afin d'obtenir un intérêt durable et la capacité d'exercer une influence dans la gestion. Certes, ces derniers peuvent prendre la forme d'une création d'entreprise, du rachat d'une entreprise existante ou encore d'une simple prise de participation dans le capital d'une entreprise à condition que cela permette d'obtenir un pouvoir de décision effectif dans la gestion.

L'OCDE[3] de son coté, définit les IDE comme étant les mouvements des capitaux réalisés en vue de créer, de développer ou de maintenir une filiale à l'étranger et/ou d'exercer le contrôle et une influence significative sur la gestion d'une entreprise étrangère[4].

D'après la définition du FMI[5], les IDE sont des investissements effectués afin d'acquérir un intérêt durable dans une entreprise exerçant ses activités sur le territoire d'une économie autre que celle de l'investisseur. Le but de ce dernier étant d'avoir un pouvoir de décision effectif dans la gestion de l'entreprise[6]. En effet, selon le FMI, les IDE connaissent quatre formes que voici :
- La création d'une entreprise ou d'un établissement à l'étranger ;
- L'acquisition d'au moins 10% du capital social d'une entreprise étrangère déjà existante ;

---

[2] : DUROUSSET, M., La mondialisation de l'économie, Ellipse, paris, 2005, P65.

[3] : OCDE, «Définition de référence de l'OCDE pour les investissements directs internationaux », 4ème édition, 2008, Paris, p08.

[4] : www. wikipédia.org/ définition de l'OCDE.

[5] : FMI, « Manuel de la balance des paiements et la position extérieure globale, 6ème édition, Washington, 2009, p108.

[6] : FONTAINE, Patrice, Ibidem, p.35.

- Le réinvestissement de ses bénéfices par une filiale ou succursale située à l'étranger ;
- Les opérations entre la maison mère d'une firme transnationale et ses filiales.

Ainsi, le rapport sur le développement dans le monde (CNUCED, 1999), définit les IDE en insistant sur la durabilité du contrôle exercé par la firme étrangère sur la firme locale. L'investissement se doit d'avoir une relation à long terme reflétant un intérêt certain et évolutif dans le contrôle de l'entreprise résidente dans le pays d'accueil. La durabilité de ce contrôle est indispensable à la distinction entre l'IDE et l'investissement de portefeuille. Ce dernier, est motivé par des profits à court terme et souvent effectué pour des motifs de spéculation.

Concrètement, le contrôle implique une participation active et déterminante de l'entreprise étrangère dans les décisions opérationnelles, managériales et stratégiques de l'entreprise locale. Il se manifeste notamment à travers l'intervention dans le conseil d'administration et dans la désignation des dirigeants (Moosa, 2002). Il s'illustre aussi dans le choix des orientations stratégiques de l'entreprise, dans les décisions d'investissement ou dans la gestion du processus de production et de commercialisation.

Lahimer (2009) distingue trois stratégies des IDE : les IDE à stratégie horizontale, les IDE à stratégie verticale et les IDE à stratégie hybride ou complexe. En effet, selon Lahimer (2009), la stratégie horizontale ou de marché s'applique aux décisions d'investissements à l'étranger qui visent à produire à la fois pour le marché local et pour le marché d'implantation. Selon cet auteur, les IDE à stratégie horizontale sont effectuées dans des pays qui ont un niveau de développement équivalent. La stratégie peut donc être qualifiée d'horizontale car elle concerne les flux d'investissements croisés Nord- Nord qui se développent entre les Etats-Unis, l'Europe et le Japon, c'est à dire au sein de la triade. Contrairement à la stratégie horizontale, la stratégie verticale représente les flux d'investissements étrangers dirigés exclusivement des pays du Nord vers les pays du Sud. Les pays les moins développés n'investissent pas dans les pays de la triade et les flux sont à sens unique. Carr *et al.*,(2001) construisent un modèle hybride qui intègre à la fois les motivations des IDE horizontaux et des IDE verticaux. D'un côté, les entreprises peuvent segmenter leur chaîne de valeur en fonction de l'intensité technologique.

Elles utilisent cette faculté pour rationner les coûts de chaque segment. Ainsi, elles délocalisent les activités à main d'œuvre non qualifiée dans les pays à bas coûts. De l'autre, les IDE à stratégie horizontale s'internationalisent afin de bénéficier des économies d'échelle et de pouvoir dupliquer à bas coût le même produit dans plusieurs localisations.

Après avoir donné la définition opérationnelle des IDE, il convient de comprendre leur raison d'être. En effet, pour investir à l'étranger, une entreprise est dans l'obligation de déployer d'importants efforts, aussi bien financiers qu'humains. A ce niveau, une question s'impose : pourquoi les entreprises qui s'intéressent à un marché international, ne déploient-elles pas toutes leurs compétences pour produire dans leurs pays et exporter, ou bien concéder des licences à des entreprises étrangères pour l'exploitation de sa technologie ? Pourquoi les entreprises investissent-elles à l'étranger ? La réponse à ces questions vient de l'étude des différentes théories des IDE.

II.2. Revue théorique sur les déterminants des IDE

Il existe une abondante littérature sur les déterminants des IDE dans les pays d'accueil. Cette abondance de littérature théorique est présentée dans le tableau 17 en annexe. Dans la présente section, nous présentons les théories les plus essentielles.

II.2.1. La théorie de l'organisation industrielle

Dunning (1973) est le premier à proposer des explications économiques des flux d'IDE dans une économie. Il se focalise particulièrement à la question des déterminants de la distribution géographique des IDE. En considérant que l'environnement d'investissement dépend essentiellement de la stabilité politique, Dunning a mis l'accent sur trois types de facteurs: les facteurs de marché tels que la taille et la croissance mesurée par le produit national brut (PNB) du pays récepteur; les facteurs de coûts tels que l'abondance de la main d'œuvre, la faiblesse des coûts de production et l'inflation ; et les facteurs liés à l'environnement des affaires tels que le degré d'endettement extérieur du pays, la stabilité politique et l'état de la balance des paiements.

La théorie de l'organisation industrielle permet, quatre ans plus tard, à Dunning (1977) de compléter son analyse par une approche globale des facteurs explicatifs de l'IDE : « l'approche éclectique » axée autour du « paradigme O.L.I. ». D'après la théorie éclectique, les investisseurs directs étrangers recherchent trois types d'avantages à travers la décision d'implantation d'une firme. Il s'agit d'abord des avantages liés aux dotations spécifiques induites par la concurrence imparfaite (Ownership advantages), il peut être ici une détention d'un brevet exclusif pour bénéficier d'une situation de monopole sur le marché ; Ensuite il y'a les avantages liés à la localisation des entreprises (Localization advantages) et enfin, de ceux liés à la faiblesse des coûts de production (Internalization advantages).La théorie de l'organisation industrielle permet d'appréhender les comportements des firmes entre commerce de produits et mouvements de capitaux. Cette théorie permet d'expliquer les raisons pour lesquelles les firmes d'une nationalité donnée parviennent à capter à travers les investissements directs étrangers la valeur ajoutée d'une firme d'une autre nationalité. Un des précurseurs de cette théorie est Hymer qui a mis l'accent sur la notion de concurrence imparfaite affectant les performances des firmes, et en particulier leurs stratégies sur les marchés étrangers. Dans sa thèse de Doctorat, Hymer (1976) a mis en évidence le fait que les firmes investissent dans des entreprises étrangères pour protéger leur pouvoir de marché. Il s'agit ici de créer des situations de monopole en s'implantant sur des marchés nationaux avant ses principaux concurrents.

II.2.2.La théorie du commerce international

S'agissant de la théorie du commerce international, elle cherche à déterminer les raisons qui poussent les firmes à s'engager dans les IDE plutôt que d'exporter, et comment les IDE affectent le commerce international. Kojima et Ozawa (1984) ont mis en avant une relation complémentaire entre les IDE et le commerce international. La délocalisation des industries intensives en main d'œuvre vers des économies où elle est moins coûteuse, en vue de réexporter les productions vers le pays d'origine, a des conséquences importantes sur l'économie importatrice. Le commerce entre les deux entités s'en trouve stimulé. Les exportations du pays hôte évoluent vers des activités de transformation à plus forte valeur ajoutée par rapport aux activités d'exploitation des matières premières, qui seraient à l'origine de la faible intégration des pays en développement notamment d'Afrique dans le commerce mondial.

Vernon (1966) vient appuyer la théorie du commerce international en expliquant les IDE à travers le cycle de vie du produit. D'abord le produit est conçu dans le pays d'origine avec des technologies innovatrices, et il est aussi produit pour le marché local. Ensuite, arrivé à une certaine croissance et connaissance du marché, le produit est exporté vers d'autres pays ayant des caractéristiques similaires au pays d'origine. Lorsque le produit devient standard et mature, les coûts de travail deviennent très importants dans le processus de production, c'est à ce moment que les firmes délocalisent à la recherche de coûts de production faible. Le cycle de vie du produit était, ainsi, la première interprétation dynamique des déterminants des IDE et de leurs relations avec le commerce international. Cette analyse de Vernon se réfère également à la théorie des coûts de transactions.

Shatz et Venables (2000) abordant dans le même sens distinguent deux principales motivations pour que les firmes investissent à l'étranger. La première cause est de minimiser les coûts des matières premières et donc de produire dans un environnement international fortement concurrentiel. Ces IDE ont donc des stratégies de recherche de rente et de minimisation des coûts (rent seeking ou resource seeking) et sont plus connus sous le nom d'IDE «vertical ». En effet, il consiste à la fragmentation de la production en plusieurs sites. La deuxième cause est du souci de mieux servir un marché domestique suffisamment significatif. Ce type d'IDE a donc une stratégie de recherche de marché (market seeking) et est connu sous le nom d'IDE «horizontal». Cet investissement est donc gouverné par la taille du marché. Les principales motivations sont les économies consécutives aux tarifs douaniers et aux coûts de transport.

II.2.3. Les théories « push factors » et « pull factors »

Une approche traditionnelle viendra compléter les études sur les déterminants des IDE en distinguant les facteurs internes « pull factors » et les facteurs externes « push factors » d'un pays grâce aux travaux de Fernandez-Arias, E. (1996)[7]. Ces théories « push et pull » revisitées aujourd'hui par Swarnali Hannan (2017 ; 2018) sont généralement utilisées pour expliquer l'émergence des flux de capitaux extérieurs. En considérant l'approche « push factors », ce

---

[7] : Fernandez-Arias, E. (1996). The new wave of private capital inflows: Push or pull? Journal of Development Economics, 48(2), 389-418.

sont les facteurs externes qui expliquent dans quelles mesures les conditions économiques des pays d'origine des IDE influencent les entrées de capitaux privés dans les pays en développement. Ces facteurs sont donc extérieurs aux pays hôtes des IDE et le coût d'opportunité d'investir dans les pays en développement a été identifié comme un élément de réponse. Il peut s'agir du taux d'intérêt des Etats Unis ou encore des taux de croissance des pays développés ou émergents d'où proviennent ces capitaux.

L'approche « pull-factor » quant à elle, examine la relation entre les conditions spécifiques des pays hôtes et les flux d'IDE qu'ils reçoivent. Cette approche indique ainsi que ce sont les conditions intrinsèques du pays qui en font ou non une destination privilégiée des IDE. Ces conditions doivent inclure un certain nombre de facteurs et ou critères socio-économiques, politiques et institutionnels : les infrastructures socioéconomiques, la taille du marché, le niveau de développement du capital humain, la distance entre le pays et les principaux marchés internationaux, le coût du travail, l'ouverture au commerce international, les incitations fiscales et non fiscales, les réglementations des affaires , la stabilité politique, la politique monétaire et le degré de libéralisation du système financier. En complément de ces variables socio-économiques, il faudrait également ajouter la disponibilité de ressources naturelles minérales telles que le pétrole, le gaz naturel, le charbon ou d'autres matières premières comme facteurs attractifs des IDE dans un pays.

Nous remarquons que l'environnement des affaires à travers les indicateurs de Doing Business regroupe les facteurs économiques et règlementaires d'un pays. A cet effet, notre étude va s'appuyer sur l'approche « pull-factor » pour monter qu'un certain nombre de critères relatifs à l'environnement des affaires dans les pays de la CEMAC influencent l'attractivité ou non des IDE. De même, selon Sekkat et Veganzones(2005), trois catégories de facteurs déterminent les flux entrants d'IDE : les facteurs économiques de base, le commerce et les aspects du climat des affaires.

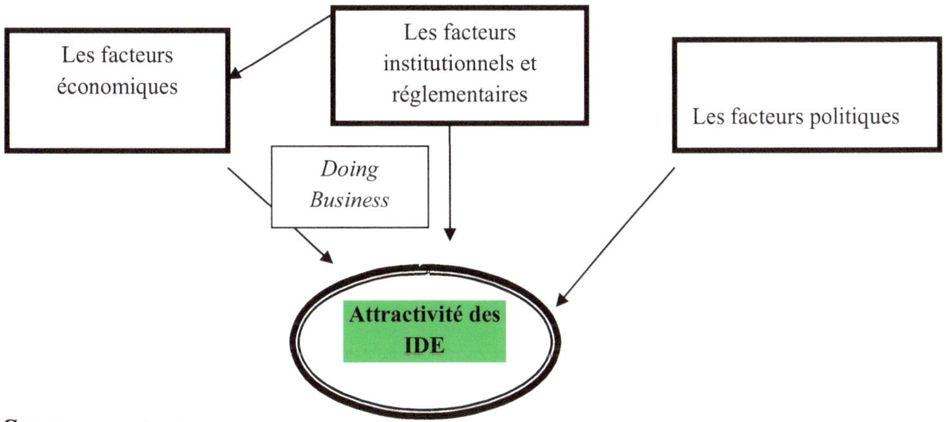

Source : *auteur*.

II.3. Revue empirique sur la relation entre climat des affaires et IDE

Les études empiriques sur les déterminants des IDE suivent en général l'une des trois approches suivantes: les études micro -économétriques, les enquêtes-sondages et les études macro-économétriques (Singh et Jun, 1995). Nous présentons dans cette section uniquement des études macro-économétriques car notre étude appartient à cette catégorie.

Les travaux d'Ajide et Eregha (2014) examinent la relation entre la liberté économique et l'afflux d'IDE dans 12 pays de la Communauté Économique des États de l'Afrique de l'Ouest (CEDEAO) pour la période 1995-2010. L'étude révèle un impact positif et significatif de la liberté financière sur les IDE tandis que les libertés des entreprises et des droits de propriété constituaient un frein à l'attraction des IDE parmi ces pays. Les résultats similaires sont obtenus par Kofarbai et Bambalé (2016) au Nigéria ; MogesEbero et Begum (2016) en Ethiopie et Mahuni et Bonga (2017) au Zimbabwe.

Bissoon (2011) étudie l'impact de la qualité institutionnelle sur l'attractivité des IDE dans 45 pays en développement d'Afrique, d'Amérique latine et d'Asie pour la période 1996-2005. Cette étude, basée sur la technique des moindres carrés ordinaires (MCO), a montré que le contrôle de la corruption, la saine réglementation des affaires et la stabilité politique a un impact positif et significatif sur l'attractivité des IDE.

Une étude réalisée par la Banque Centrale des Etats de l'Afrique de l'Ouest (BCEAO) en 2007 a cherché à analyser les facteurs explicatifs des investissements directs étrangers dans l'UEMOA. En utilisant une estimation sur données de panel et couvrant les années 1980 à 2002, il ressort de cette étude que certaines variables traditionnelles comme l'ouverture économique aux échanges internationaux, le taux d'investissement public et le capital humain sont les déterminants majeurs dans l'attractivité des pays de l'UEMOA. Ces mêmes résultats ont été aussi obtenus par Batana (2005) et Djé (2008).Bayraktar (2014) étudie le lien entre l'IDE et la facilité de faire des affaires en utilisant les données de la Banque Mondiale et celles de Doing Business pendant la période 2004-2010. Les résultats de cette étude ont montré que les pays qui ont de meilleurs antécédents de « faire des affaires » tendent à attirer plus d'IDE.

Une étude en données de panel sur le climat des affaires et IDE en Afrique a été réalisée par Ibrahima en 2015[8]et a montré que le climat des affaires approximé par le score moyen a une relation positive bien que non significative avec les IDE. Cet auteur a par ailleurs conclut que l'indicateur global du climat des affaires n'a pas d'effet significatif sur les IDE en Afrique.

Nnadozie et Njuguna (2011) étudient la relation entre le climat d'investissement et les flux d'IDE en Afrique. Un modèle empirique a été estimé en utilisant la variable de réglementation des entreprises comme l'un des régresseurs parmi d'autres variables contrôlées. Toutes les régressions ont été estimées à l'aide d'un modèle de données de panel à effet fixe, qui a été préféré au modèle à effets aléatoires basé sur les résultats du test de Hausman. L'étude a trouvé la preuve que des règles et réglementations commerciales saines et efficaces sont importantes pour attirer les IDE. Aussi faudrait-il souligner qu'un certain nombre d'études empiriques réalisées par Sadig(2009) ; Kiyondo (2012) ; Asiedu(2006) et Salomon (2011) entre autres révèlent qu'un climat d'affaires plus favorable attire plus d'IDE alors qu'un climat défavorable aux affaires les dissuadent.

Akamé *et al.*, (2016) ont examiné récemment dans un article, l'impact du climat des affaires sur les IDE dans la CEMAC sur la période de 2007 à 2014 à l'aide de données de panel recueillies auprès de la Banque mondiale, de la Conférence

---

[8] : Communication au 4ième congrès des économies africains, du 16-18 Novembre 2015, Accra, Ghana.

des Nations Unies sur le Commerce et le Développement (CNUCED), de Transparency International, de la Fondation du patrimoine et de la Fondation Mo Ibrahim. Grâce à l'adoption de la méthode d'estimation Feasible Generalized Least Squares (FGLS), l'étude montre que l'indice de faire des affaires, l'indice de perception de la corruption et l'indice Ibrahim de la gouvernance africaine affectent de manière positive et significative l'IDE dans la région de la CEMAC. De plus, l'étude fait savoir que certaines composantes des indicateurs de Doing Business à savoir : création d'entreprise, gestion de permis de construire, enregistrement de propriétés, paiement d'impôts, la protection des investisseurs, le commerce transfrontalier, l'exécution des contrats et la résolution de l'insolvabilité affectent de manière significative les IDE dans la région de la CEMAC.

Enfin, Mohamed *et al.*,(2018) ont examiné l'impact de la facilité de faire des affaires sur les IDE entrants sur la période 2011-2015 à travers le monde. Cette étude en données de panel, a mesuré la facilité de faire des affaires par la création d'une entreprise, l'obtention du crédit, l'enregistrement des biens, paiement des impôts et taxes et exécution des contrats. La recherche a utilisé un échantillon de 177 pays sur 190 pays répertoriés par la Banque Mondiale. A travers un modèle de régression par moindres carrés via le logiciel Eviews, cette étude a révélé que «Faire respecter les contrats» avait un impact significatif sur l'IDE entrant. Néanmoins, les auteurs ont constaté que «Obtenir du crédit» et «Enregistrer une propriété» avaient un impact significatif négatif sur les IDE entrants. Cependant, «Créer une entreprise» et «Payer des taxes» n'ont pas eu d'impact significatif sur les IDE entrants dans les pays étudiés.

II.4.Enseignements tirés de la revue de la littérature

Trois enseignements majeurs peuvent être dégagés de cette revue de la littérature. Le premier enseignement est qu'il existe une abondante littérature et études empiriques sur les déterminants des IDE ainsi que de leurs impacts sur les économics d'accueil. Cette abondance de la littérature permet de comprendre qu'il est difficile de traiter tous ces facteurs en même temps. Le deuxième enseignement qui se dégage est que nombre d'études sur les déterminants des IDE ont moins abordé en profondeur le climat des affaires, celui-ci servant surtout de variable institutionnelle, de liberté économique ou de risque-pays. De même, les études qui tentent d'aborder le climat des affaires et les IDE en Afrique en général et dans la CEMAC en particulier, prennent souvent en compte le climat des affaires dans sa globalité c'est-à-dire en termes de score moyen; alors que les indicateurs de Doing Business proposés par la Banque Mondiale, permettent aujourd'hui de mieux apprécier le climat des affaires des pays en les désagrégeant. Nous voudrions donc proposer une autre manière d'établir le lien entre climat des affaires et IDE par la prise en compte de façon désagrégée, les indicateurs de Doing Business. Une telle démarche est plus riche en informations et en implications de politique par le fait qu'elle peut identifier les indicateurs ayant un effet positif, ceux ayant un effet négatif ou pas d'effet, sur l'attractivité des IDE. Enfin, les études menées par Akamé *et al.*, (2016) et par Mohamed *et al.*,(2018) nous semblent plus instructives du fait que les auteurs utilisent plusieurs indicateurs de Doing Business pour capter le climat des affaires.

III. METHODOLOGIE ET SOURCES DE DONNEES

Six (06) points essentiels font l'objet de cette partie entre autres : la présentation du modèle théorique, la présentation de notre modèle, la présentation des variables retenues, la présentation des tests de spécification, la stratégie d'interprétation des résultats et l'indication des sources de données.

III.1.Modèle théorique

Le modèle théorique qui a souvent servi de base pour la stratégie d'estimation sur les déterminants des flux des capitaux est celui de Fernandez-Arias et Montiel (1996). Ce modèle formalise les effets des facteurs externes et internes sur les flux de capitaux à destination d'un pays. Ce modèle théorique distingue les facteurs internes selon qu'ils soient au niveau d'un projet spécifique ou au niveau du pays dans son ensemble aux facteurs externes selon qu'il s'agisse du contexte économique international. Etant donné que les flux de capitaux peuvent prendre différentes formes en fonction des transactions auxquelles ils sont affiliés, dans la formulation du modèle théorique, Fernandez-Arias et Montiel (1996)désignera i les différents types de flux de capitaux avec $i = 1,......N$.

Le rendement d'un type de flux de capital i est décomposé en deux parties: le rendement espéré du projet vers lequel est destiné le flux de capital (soit R_i ce rendement) et un facteur d'ajustement A_i qui dépend de la solvabilité du pays et qui est compris entre 0 et 1. Le rendement d'un projet évolue inversement par rapport aux flux nets de capitaux *(F)*allant à tous les types de projets et le facteur de solvabilité est une fonction négative du stock de dettes de fin de période; soit S ce stock. $S = S_{-1} + F$ avec S_{-1} le stock initial de dettes et F les entrées nets de capitaux.

Les différentes composantes de F, le vecteur de flux de capitaux sont déterminées par une condition d'arbitrage qui se présente comme suit:

$$R_i\,(r,\,F)\,A_i\,(a,\,S_{-1}\,+F) = C_i\,(c,\,S_{-1}\,+F) \text{---} \quad (1)$$

Avec C_i le coût d'opportunité d'un capital de type i qui dépend du stock de dettes S et qui reflète le comportement de réduction de risque des investisseurs étrangers. Ces stratégies d'anticipation du risque se traduisent par une diversification des portefeuilles d'investissements des agents économiques étrangers. On a aussi r et a qui représentent respectivement les conditions économiques des pays de destination des capitaux et leur solvabilité (facteurs internes). Les conditions financières des pays de provenance des flux de capitaux qui sont importants pour les investissements dans les pays en développement (facteurs externes) sont représentées par : c. R_i, A_i, et C_i sont des fonctions croissantes de r, a et c respectivement.

Selon l'auteur, l'équation (1) définit implicitement le vecteur de flux nets de capitaux F dont la valeur ou l'équilibre nommé F^* peut être formulé comme suit:

$$F^* = F^*(r, a, c, S_{-1}) \; \text{--} \tag{2}$$

F*est croissant avec r et a mais décroissant avec c et S_{-1}. Cette équation illustre le fait que les flux de capitaux dépendent de facteurs internes au niveau projet (r) et au niveau pays (a) ainsi que de facteurs externes au pays (c).

Les trois groupes de variables (r, a et c) représentent un certain nombre de facteurs économiques qui affectent les entrées de capitaux dont les IDE. On distingue, pour les facteurs internes (facteurs d'incitation) au niveau projet (r), les reformes économiques et institutionnelles (libéralisation financière, réduction des tarifs commerciaux, privatisation des entreprises publiques, etc.). Les facteurs internes (facteurs d'attraction) au niveau du pays (a) sont par exemple l'instabilité politique, la scolarisation, l'inflation, le climat des affaires et la croissance économique. Les facteurs externes (c), regroupent le taux d'intérêt international, le niveau de l'activité économique des pays de provenance des capitaux, les spéculations sur les marchés internationaux de capitaux et dans une certaine mesure les termes de l'échange des pays qui reçoivent les capitaux (les pays développés et émergents par exemple).

Les flux de capitaux privés dont bénéficie un pays dépendent donc d'un grand nombre de facteurs avec des interactions possibles entres ces différents facteurs, ce qui rend difficile la détermination de la contribution partielle d'un facteur unique. La complexité de la relation entre les flux de capitaux privés et leurs déterminants potentiels que permet de souligner ce modèle bien que plus adapté aux pays émergents ne peut pas s'appliquer à tous les pays en développement.

Ce modèle de Fernandez-Arias et Montiel (1996) sur les déterminants des flux des capitaux a été complété et simplifié par les travaux théoriques de Swarnali Hannan (2017 ; 2018). Selon cet auteur, ce modèle est bien adapté pour effectuer la régression sur les déterminants des flux des capitaux dans les pays en développement. Il peut donc être appliqué dans le cas de la CEMAC. La formulation du modèle se présente de la manière suivante :

$$Y_{i,t} = \alpha_0 + \sum_{i=1}^{n-1} \alpha i D i + \beta_0 \, External_t + \beta_1 Domestic_{i,t} + \varepsilon_{i,t} \qquad (3)$$

Dans ce modèle, $Y_{i,\,t,}$ représente le rapport des flux du pays i pendant la période t, en pourcentage du PIB. Les flux d'IDE sont modélisés en fonction d'effets fixes (Di^- 1, si une observation concerne le pays i et 0 sinon) ; $External_t$, représente est un vecteur de variables représentant des variables externes ou facteurs d'incitation, et $Domestic_{i,t}$, un vecteur de variables représentant des variables domestiques ou attractives des IDE. Certaines variables sont représentées par la différence relative entre homologues internationaux par rapport aux homologues nationaux, et peuvent donc être considérées comme une combinaison de facteurs d'attraction. Ce groupe comprend des variables telles que le différentiel de croissance vis-à-vis des États-Unis (ou un groupe des économies avancées) et le différentiel de taux d'intérêt vis-à-vis des États-Unis (ou d'un groupe des économies avancées).

III.2. Modèle à des fins d'estimation

Le modèle à des fins d'estimation est l'approche « pull factor ». Cette approche tient compte de l'un des facteurs domestiques cité par Swarnali Hannan pour expliquer les flux des capitaux étrangers. Il s'agit du climat des affaires des pays. En effet, généralement, en s'appuyant sur les facteurs propres aux pays (pull factor), deux modèles sont estimés pour étudier l'effet du climat des affaires sur les IDE (Ibrahima, 2015). Le premier modèle inclut la variable climat des affaires du Doing Business approximée par le score moyen et le second consiste à éclater le climat des affaires en ces 10 indicateurs que propose la Banque Mondiale afin de voir le degré d'influence de chaque indicateur sur les IDE.

La modélisation économétrique de notre étude se fait donc en deux étapes : la première étape considère le climat des affaires comme le score moyen des indicateurs de Doing Business et la dans la seconde étape, il sera question de prendre en compte de façon spécifique les 10 indicateurs de Doing Business.

Les variables éclatées retenues sont : la création d'entreprise (CRENTP), l'octroi de permis de construire (OCTPC), le transfert de propriété (TRANSPRO), l'obtention de prêt (OBTPRET), la protection des investisseurs (PROTINV), le paiement des taxes et impôts (PAYTAX), le commerce transfrontalier (COMTRANS), l'exécution des contrats (EXECONTR), le règlement de l'insolvabilité (REGINSOL) et le raccordement à l'électricité (RACELEC).

Notre modèle économétrique se présente de la manière suivante :

$$Y_{it} = \beta_0 + \beta_1 \text{Climaffaire}_{it} + \sum \beta_i X_{it} + U_{it} \tag{4}$$

Après éclatement de la variable climaffaire$_{it}$, l'équation (4) devient :

$$Y_{it} = \beta_0 + \beta_1 \text{CRENTP}_{it} + \beta_2 \text{OCTPC}_{it} + \beta_3 \text{TRANSPRO}_{it} + \beta_4 \text{OBTPRET}_{it} + \beta_5 \text{PROTINV}_{it} + \beta_6 \text{PAYTAX}_{it} + \beta_7 \text{COMTRANS}_{it} + \beta_8 \text{EXECONTR}_{it} + \beta_9 \text{REGINSOL}_{it} + \beta_{10} \text{RACELEC} + \sum \beta_i X_{it} + U_{it} \tag{5}$$

$i = 1, 2, 3 \ldots\ldots N \quad et \quad t = 2006, 2018, \ldots\ldots T$

Y_{it} = ratio des IDE/PIB

X_{it} = matrice des variables de contrôle (taux de croissance du PIB réel, taux d'inflation et ressources naturelles)

N = 6 = nombre total de pays

T = fin de la période (2018)

β = paramètres à estimer

U_{it} = terme de l'erreur.

Les équations (4) et (5) permettent de vérifier respectivement notre hypothèse générale et notre première hypothèse spécifique.

En désagrégeant les indicateurs de Doing Business à partir de l'équation (5), nous allons examiner l'impact de chaque indicateur sur les IDE entrants dans la CEMAC. Les sous équations de l'équation (5) se formulent de la manière suivante :

$$Y_{it} = \beta_0 + \beta_1 \text{CRENTP}_{it} + \sum \beta_i X_{it} + U_{it} \tag{5.1}$$

$$Y_{it}= \beta_0 + \beta_2\text{OCTPC}_{it} +\sum \beta_i X_{it} + U_{it}\dots\dots\dots (5.2)$$

$$Y_{it}= \beta_0 + \beta_3\text{TRANSPRO}_i +\sum \beta_i X_{it} + U_{it}\dots\dots (5.3)$$

$$Y_{it}= \beta_0 + \beta_4\text{OBTPRET}_{it} +\sum \beta_i X_{it} + U_{it^-}\dots\dots (5.4)$$

$$Y_{it}= \beta_0 + \beta_5\text{PROTINV}_{it} +\sum \beta_i X_{it} + U_{it}\dots\dots(5.5)$$

$$Y_{it}= \beta_0 + \beta_6\text{PAYTAX}_{it} +\sum \beta_i X_{it} + U_{it}\dots\dots(5.6)$$

$$Y_{it}= \beta_0 + \beta_7\text{COMTRANS}_{it} +\sum \beta_i X_{it} + U_{it}\dots\dots(5.7)$$

$$Y_{it}= \beta_0 + \beta_8\text{EXECONTR}_{it}+\sum \beta_i X_{it} + U_{it}\dots\dots(5.8)$$

$$Y_{it}= \beta_0 + \beta_9\text{REGINSOL}_{it}+\sum \beta_i X_{it} + U_{it}\dots\dots(5.9)$$

$$Y_{it}= \beta_0 + \beta_{10}\text{RACELEC}+\sum \beta_i X_{it} + U_{it}\dots\dots(5.10).$$

Par la suite, pour vérifier notre deuxième hypothèse, les variables du Doing Business du modèle (5) sont décomposées en deux groupes : le 1er groupe concerne les variables d'ordre économique. Il s'agit de la création d'entreprises, commerce transfrontalier, raccordement à l'électricité, paiement des impôts et taxes et obtention de prêt. Le deuxième groupe est composé des variables d'ordre réglementaire à savoir : exécution des contrats, obtention de permis de construire, règlement de l'insolvabilité, protection des investisseurs et transferts de propriété. Cette régression en niveau permet de comparer les performances des pays de la CEMAC en matière du climat des affaires dans les deux domaines couverts par Doing Business et de voir les facteurs les plus attractifs à l'égard des IDE. Cette décomposition donne les équations (6) et (7) ci-dessous :

$$Y_{it}= \beta_0 + \beta_1\text{CRENTP}_{it}+ \beta_2\text{OBTPRET}_{it}+ \beta_3\text{PAYTAX}_{it}+ \beta_4\text{COMTRANS}_{it}+ \beta_5\text{RACELEC}+$$
$$\sum \beta_i X_{it} + U_{it}\text{-----------------------------}(6)$$

$$Y_{it}= \beta_0 + \beta_1\text{OCTPC}_{it}+ \beta_2\text{TRANSPRO}_{it}+ \beta_3\text{PROTINV}_{it}+ \beta_4\text{EXECONTR}_{it}+ \beta_5\text{REGINSOL}_{it}+$$
$$\sum \beta_i X_{it} + U_{it}\text{-----------------------------}(7)$$

Dans le cadre de notre étude, nous portons un intérêt pour l'économétrie en données de panel pour trois (3) raisons principales. Premièrement, elle permet d'étudier le phénomène des IDE selon ses deux dimensions : la dimension individuelle et la dimension temporelle. Deuxièmement, les données en panel sont des données nombreuses qui ont pour conséquence la précision des estimations. Troisièmement, c'est une technique visant à expliquer l'hétérogénéité individuelle et temporelle observables.

III.3. Choix et spécification des variables

Variable à expliquer

Les flux d'IDE entrants sont considérés dans notre étude comme la variable endogène ou la variable à expliquer. Ils sont exprimés en pourcentage du produit intérieur brut (PIB). Selon Asiedu (2002 ; 2016), il s'agit de la variable à expliquer usuelle dans la littérature qui traite des déterminants des IDE. Cette variable rend compte du poids des afflux d'IDE dans l'économie d'accueil.

Variables explicatives d'intérêt

La création d'entreprise : Cet indicateur permet d'identifier les contraintes administratives et légales qu'un investisseur doit surmonter pour créer une entreprise. Il retrace le nombre de procédures, le temps (en jours) et les coûts associés pour qu'une société commerciale ou industrielle de 10 à 50 employés et dotée d'un capital initial de 10 fois le revenu national brut par habitant démarre et fonctionne de manière formelle. Cette variable sera captée par le temps qui est exprimé en nombre de jours. L'augmentation de ce nombre traduit un climat d'investissement défavorable à l'entreprenariat. Le signe attendu est donc négatif.

L'octroi de permis de construire : Cette rubrique mesure les procédures (l'obtention des permis et licences nécessaires, l'accomplissement des notifications et inspections requises et le raccordement aux services publics), le temps et les coûts associés à la construction d'un entrepôt. Nous capterons cette variable par le nombre de procédures pour mettre en place un entrepôt. On s'attend à un signe négatif.

Le transfert de propriété : Cet indice examine les étapes, le temps et les coûts impliqués dans le transfert d'un titre de propriété d'une entreprise au bénéfice d'une autre, sur un terrain ou un bâtiment sans aucun conflit. On considère le nombre de procédure comme indice qui pourra capter cette variable et le signe attendu est négatif.

L'obtention de prêt: Cette rubrique examine deux aspects, les registres centralisés d'information sur le crédit et l'efficacité des lois sur les garanties et la faille dans la facilitation des prêts. Cette variable est captée par l'étendue de l'information sur le crédit qui va de 0 à 8 avec 8 indiquant l'accès intégral à l'information sur le crédit. Un effet positif est attendu.

La protection des investisseurs : Cet indice mesure le niveau de protection des actionnaires minoritaires contre les abus de biens sociaux par les dirigeants pour leur intérêt personnel. Cette variable sera captée par l'indice de protection des investisseurs qui va de 0 à 10. Le signe positif est attendu.

Le paiement des taxes et impôts : Cette rubrique recense les charges fiscales qu'une entreprise de taille moyenne doit s'acquitter et mesure aussi les formalités administratives dans le paiement de ces impôts. On captera cette variable par le nombre de fois qu'un investisseur devra payer l'impôt dans l'année. Le signe négatif est attendu.

Le commerce transfrontalier : Cette rubrique aborde les contraintes de procédures pesant sur l'exportation et l'importation d'une cargaison standard de marchandises par voie maritime. C'est un indice qui mesure et enregistre le temps et les coûts nécessaires pour compléter chaque procédure officielle pour exporter et importer des marchandises. Pour avoir le coût du commerce, on captera cette variable par le nombre de documents nécessaires à l'exportation. Le signe négatif est attendu.

L'exécution des contrats : Cet indice examine l'efficacité des services judiciaires d'une économie dans la résolution d'un litige commercial. Il identifie le délai, le nombre de procédures et les coûts à supporter du démarrage de la procédure au paiement effectif de la transaction. On attend un signe négatif et cette variable sera captée par le nombre de procédures.

Règlement de l'insolvabilité: Cette rubrique recense les contraintes procédurales et administratives qui existent dans le processus de faillite du droit en vigueur. Elle identifie la durée, les coûts des procédures collectives et le taux de recouvrement pour la cessation d'activités. On captera cette variable par le délai qui est exprimé en année et le signe négatif est escompté.

<u>Raccordement à l'électricité</u> : Cet indicateur enregistre toutes les procédures, les délais et le coût nécessaire pour qu'un entrepôt nouvellement construit obtienne un raccordement permanent à l'électricité. En outre, l'indicateur évalue l'efficacité du processus de connexion à travers la fiabilité de l'alimentation en électricité et la transparence des tarifs et du prix de l'électricité. On attend un signe négatif et cette variable sera captée par le délai en jour.

Le choix de ces indicateurs se justifie par le fait qu'ils sont très importants pour le démarrage (création d'entreprises), le développement (transfert de propriété, obtention de prêts, protection des investisseurs, exécution des contrats), l'exploitation (octroi de permis de construire, paiement des impôts, commerce transfrontalier, raccordement à l'électricité) et la fermeture (règlement de l'insolvabilité) des entreprises.

Variables explicatives de contrôle (fondamentaux macroéconomiques)

<u>Taux de croissance du PIB réel</u> : Cet indice évalue l'état de bonne santé d'une économie donnée. Il mesure l'attractivité du pays d'accueil (Lall, 2000). On s'attend à ce que cet indicateur influence positivement les investissements directs étrangers entrants.

<u>Taux d'inflation</u> : Il est mesuré par le taux de variation annuelle de l'indice de prix à la consommation. Cet indicateur rend compte de la stabilité économique et un taux élevé d'inflation pourrait traduire un environnement défavorable aux affaires car plus un pays est instable sur le plan macroéconomique, plus il décourage les investisseurs étrangers (Ekodo *et al.,* 2018). Un signe négatif est attendu.

<u>Ressources naturelles</u> : Elles désignent la disponibilité des ressources naturelles comme l'or, le diamant et le pétrole dans le pays. Onyeiwu (2000) note que c'est grâce à leurs ressources naturelles que les pays comme l'Arabie Saoudite, le Quatar et l'Algérie attirent une part importante des flux d'IDE vers la région d'Afrique du Nord et du Moyen-Orient .Elles sont mesurées par la part des exportations des produits pétroliers et miniers dans les exportations totales des pays pour ainsi capturer l'effet des dotations naturelles (Nabil , 2008). Il y a aussi la possibilité d'utiliser la part des bénéfices tirés des ressources naturelles sur les bénéfices totaux. Mais la part des exportations des produits pétroliers et miniers est préférable car cette variable permet d'apprécier le niveau de

dépendance du pays aux ressources naturelles. Ainsi, si sa valeur est élevée, on considère que l'économie d'accueil est très peu diversifiée. Par ailleurs, on s'attend à ce qu'elle exerce un effet direct positif et significatif sur les flux entrants d'IDE. Ceci en raison des activités qui naissent autour de l'exploitation des ressources naturelles, dans l'industrie et les services.

III.4. Tests de spécification

La première étape à établir pour un échantillon de données de panel est de vérifier la spécification homogène ou hétérogène du processus générateur de données (Mohamed, G. et Seifallah, S., 2012). D'abord, il sera essentiel de vérifier s'il existe des effets individuels dans nos données. En se référant au tableau relatif à l'effet fixe, nous allons comparer la probabilité avec 5%. En effet, si la P-value de Fisher est inférieure à 5%, on peut conclure à l'existence de ces effets individuels (il ya hétérogénéité). La structure du panel est vérifiée. Cependant, lorsque cette P-value est supérieure à 5% il y a absence d'effets et la structure du panel n'est pas vérifiée (homogénéité).

Au cas où l'hétérogénéité prévaut, la seconde étape consistera à réaliser le test de spécification de Hausman. Ce test suit la loi de Khi-deux avec K-1 degré de liberté et il permet de choisir entre le modèle à effet fixe et celui à effet aléatoire. Dans le cas où la probabilité est inférieure à 5% il sera choisi le modèle à effet fixe confirmant la validité de l'estimateur Least Squares Dummy Variable (LSDV) qui est un estimateur associé à la spécification avec effet fixe. Si cette probabilité est supérieure à 5%, on choisira le modèle à effet aléatoire et on adoptera la méthode d'estimation Feasible Generalized Least Squares (FGLS).
Les tests d'hétéroscédasticité et d'auto-corrélation sont effectués pour retenir la méthode d'estimation.

La matrice de corrélations des variables nous a permis de voir le problème de multi colinéarité des variables avant de procéder aux estimations.

III.5. Stratégie d'interprétation des résultats

Ainsi :

- Si le climat des affaires présente un coefficient positif ; cela traduit une amélioration du climat des affaires ; ce qui est favorable pour l'attractivité des IDE ; au cas contraire, les investisseurs étrangers sont découragés ;
- Si les indicateurs de Doing Business présentent un coefficient positif ; cela traduit une amélioration du climat des affaires ; ce qui est favorable pour l'attractivité des IDE ;
- Si les indicateurs de Doing Business présentent un coefficient négatif ; cela traduit un mauvais climat des affaires ; ce qui décourage l'entrée des IDE ;
- Si les variables de contrôle comme le taux de croissance et les ressources naturelles présentent des coefficients positifs, alors une augmentation du taux de croissance et une grande disponibilité des ressources naturelles attirent les IDE ;
- Si la variable de contrôle, l'inflation présente un coefficient positif ; alors une augmentation du taux d'inflation décourage les investisseurs étrangers. Au cas contraire, les investisseurs étrangers sont encouragés à venir investir du fait de la stabilité économique du pays d'accueil.

III.6.Sources et traitement de données

Nos données proviennent de trois (03) sources. Celles portant sur les variables macroéconomiques sont extraites de la base de données de la Banque Mondiale, avec world development indicators sur le site (https://databank.banquemondiale.org/data/). Les variables mesurant le climat des affaires proviennent essentiellement de la base de données de Doing Business sur le site (www.doingbusiness.org/data/). Les données sur les IDE entrants dans la CEMAC sont extraites de la base de données de la Conférence des Nations Unies pour le Commerce et le Développement sur le site (https://unctadstat.unctad.org). Notre échantillon n'est composé que des pays de la CEMAC et la régression couvre la période allant de 2006 à 2018. Les données et informations sur les autres pays sont utilisées à titre d'exemple, de comparaison et d'enseignement. Le choix de ces pays et de la période est également guidé par la disponibilité des informations statistiques sur les variables.

L'ensemble de ces données nous a permis de disposer d'une base de données de panel composée de 6 pays à savoir, tous les pays membres de la CEMAC. Étant donné que toutes les variables sont renseignées durant la période d'étude retenue, le panel constitué peut être qualifié de cylindré dont les données sont annuelles. Les 6 pays de la CEMAC qui constituent cette base sont : le Congo, le Cameroun, le Gabon, la Guinée Équatoriale, la République Centrafricaine et le Tchad. Le choix du panel est effectué pour prendre en compte la dimension régionale de la zone CEMAC. Nous disposons des données relatives à $N = 6$ pays de la zone CEMAC sur $T = 13$ périodes (2006 à 2018), donc total panel observations $(T \times N) = 78$. Le cadre méthodologique de cette étude est présenté à l'annexe au niveau de la figure 1. Le traitement de données s'est fait par l'usage des logiciels Stata11.

Tableau n°1 : Récapitulatif des variables

Variables	Mesure	Source	Signe attendu
IDE	ratio des flux nets entrants d'IDE en % du PIB réel du pays	CNUCED	
Climat des affaires	distance à la frontière (0-100)[9]	Doing Business	négatif
Création d'entreprise	temps consacré à la création d'entreprise	Doing Business	négatif
Octroi de permis de construire	nombre de procédures pour mettre en place un entrepôt	Doing Business	négatif
Transfert de propriété	nombre de procédures dans le transfert de propriété	Doing Business	négatif
Obtention de prêt	étendu de l'information sur le crédit (0-8)	Doing Business	négatif
Protection des investisseurs	indice de protection des investisseurs (0-10)	Doing Business	négatif
Paiement des impôts et taxes	nombre d'impôts payés par année	Doing Business	négatif
Commerce transfrontalier	nombre de documents nécessaires à l'exportation	Doing Business	négatif
Exécution des contrats	nombre de procédures pour exécuter un contrat	Doing Business	négatif
Règlement de l'insolvabilité	délai de règlement exprimé par année	Doing Business	négatif
Raccordement à l'électricité	délai de raccordement à l'électricité en jours	Doing Business	négatif
Croissance	taux de croissance du PIB réel entre deux périodes	WDI	positif
Inflation	taux d'inflation (prix à la consommation)	WDI	négatif
Ressources naturelles	exportations des hydrocarbures et minières en % des exportations totales du pays.	WDI	positif

Source *: auteur.*

III.7. Matrice de corrélation des variables de Doing Business

Cette matrice permet de déterminer la relation entre deux variables et d'identifier la colinéarité de celles-ci. Elle montre que les variables du Doing

---

[9] : Données comparant les 190 économies sur l'indicateur de la distance par rapport à la frontière réglementaire et outil de calcul de cette distance http://www.doingbusiness.org/data /distance-to-frontier.

Business ne sont pas confondues entre elles (coefficient de corrélation des variables inférieur à 0,95 dans l'ensemble). Dans ce cas, elles peuvent toutes être utilisées dans les régressions sans biais. La corrélation positive entre les variables montre que celles-ci vont dans le même sens ; mais une corrélation négative indique que les variables vont dans le sens contraire.

	ideenpib	creati~s	octroi~s	transf~s	obten~08	prot~010	imptse~e
ideenpib	1.0000						
creationes~s	0.5548	1.0000					
	0.0000						
octroiperm~s	-0.1337	-0.2042	1.0000				
	0.2434	0.0730					
transfertd~s	-0.1780	-0.6564	0.2671	1.0000			
	0.1189	0.0000	0.0181				
obtention~08	-0.1248	-0.1653	0.4425	0.2238	1.0000		
	0.2764	0.1481	0.0000	0.0489			
protecti~010	-0.0612	-0.3847	0.1763	0.5936	0.0137	1.0000	
	0.5944	0.0005	0.1226	0.0000	0.9052		
imptsettax~e	0.1400	0.0348	-0.0600	0.0234	-0.2539	-0.1219	1.0000
	0.2215	0.7623	0.6020	0.8389	0.0249	0.2879	
documents1~e	0.1281	-0.1637	0.2122	0.5067	0.0754	0.3002	0.3712
	0.2635	0.1522	0.0621	0.0000	0.5115	0.0076	0.0008
executiond~s	-0.2264	-0.4254	0.1222	0.2942	0.1551	0.3202	-0.6642
	0.0463	0.0001	0.2866	0.0089	0.1751	0.0043	0.0000
raccordeme~s	0.0967	-0.1617	0.7099	0.1313	0.2739	0.1924	-0.1247
	0.3998	0.1574	0.0000	0.2517	0.0153	0.0915	0.2767
reglementi~e	-0.4302	-0.1193	0.1777	-0.1520	-0.0266	-0.1503	0.0057
	0.0001	0.2984	0.1195	0.1840	0.8172	0.1891	0.9602

	docume~e	execut~s	raccor~s	reglem~e
documents1~e	1.0000			
executiond~s	-0.2161	1.0000		
	0.0574			
raccordeme~s	0.1819	0.1960	1.0000	
	0.1109	0.0854		
reglementi~e	-0.3603	0.1573	0.0417	1.0000
	0.0012	0.1691	0.7170	

Source : *auteur à partir de Stata11.*

IV. RESULTATS DE L'ETUDE

Cette partie constitue le fondement de notre recherche. Elle vise à présenter les résultats descriptifs et économétriques obtenus.

IV.1. Présentation et analyse descriptive des résultats

Il s'agit ici de présenter et d'analyser l'évolution de quelques indicateurs macroéconomiques et de Doing Business dans les pays de la CEMAC ainsi que leurs performances en matière du climat des affaires.

IV.1.1 .Evolution du ratio IDE / PIB dans les pays de la CEMAC

Au Congo

Le Congo a connu une part importante des IDE dans le PIB entre 2010 et 2015, passant de 9% à près de 40% comme l'indique la figure 3. Cette augmentation est due essentiellement à l'entrée massive des IDE pendant cette période se situant en moyenne à plus de 30 millions de dollars par an. Pendant cette période, le Congo était le pays qui attirait plus les IDE dans la zone CEMAC et avait atteint un niveau record de 521 millions de dollars en 2015. Cependant, on remarque que les années qui ont suivi ce niveau record ont vu l'entrée des IDE régresser car cette part a commencé a baissé progressivement à partir de 2016 jusqu'à atteindre 10 % du PIB en 2018, un taux jamais égalé depuis l'indépendance du Congo.

Au Gabon

Il est resté pendant longtemps le pays d'Afrique dont le pourcentage d'IDE par habitant était le plus élevé (il était 20 fois supérieur à la moyenne africaine selon les estimations de l'IZF). Il ressort de la figure 3 que la part des IDE dans le PIB demeure modeste au Gabon. Durant toute la période, la part des IDE dans le PIB n'a pas pu atteindre 10% et se situe entre 4 à 5% dans la majorité des cas. En 2018 cette part est tombée à 2%. Ceci parce que ces dernières années, le niveau d'IDE au Gabon s'est maintenu en baisse. Ce pays a connu un désinvestissement depuis 1994 et qui s'est suivi au début des années 2000 malgré un code d'investissement attractif mis en place. Cette chute de la part des IDE dans le PIB est la conséquence de ce désinvestissement et montre aussi la fragilité des IDE qui sont tous concentrés dans un même secteur de l'économie, qui en plus est un secteur de ressources non renouvelables. Le Gabon est le pays dont la part des IDE dans le PIB est le plus faible dans la CEMAC derrière la RCA.

Au Cameroun

En dépit de sa force économique et de sa position de leader dans la sous-région avec près de 40% du PIB de la zone CEMAC en2016, ce pays reste une destination non privilégiée des IDE: il ne compte en flux comme en stock que pour 1% de l'IDE mondial en Afrique et pour 7% des IDE vers la CEMAC (IZF, 2003). Bien que le Cameroun attire des investissements significatifs, son stock d'IDE reste modeste en comparaison avec plusieurs autres pays de la zone CEMAC (Congo, Guinée équatoriale, Gabon), qui concentrent d'importants investissements dans le secteur pétrolier. Comme le montre la figure 3, la part des IDE dans le PIB au Cameroun n'a pas évolué. Les données recueillies indiquent que cette part est restée autour de 4% pendant toute la période.

En RCA

Malgré les conflits armés enregistrés ces dernières années dans ce pays, la figure 3 montre que la part des IDE dans le PIB en RCA est plus élevée que celle du Gabon ces dernières années alors que c'est le pays qui figure parmi les dix derniers du classement de Doing Business. Cette part n'est pas aussi significative que telle puisqu'elle tourne autour de 3% seulement durant toute la période.

En Guinée Equatoriale

La Guinée Equatoriale après avoir surpris tous les observateurs économiques en se plaçant en 2001 au premier rang des pays d'Afrique sub-saharienne pour ce qui est des IDE entrants, soit 1431 millions USD a vu ces IDE baisser drastiquement de 323 millions en 2002. En 2004, la Guinée Equatoriale s'est hissée au 47ème rang mondial des pays d'accueil des IDE, avec 0,26% des flux d'IDE dans le monde et 9,52% des IDE à destination de l'Afrique. A la lumière de la figure 3, il ressort que la Guinée Equatoriale est le 2ième pays qui possède le ratio IDE/PIB le plus élevé après le Congo. En 2010, ce ratio a atteint pour la première fois un pic de 17% pour chuter à 5% en 2018.

Au Tchad

Le Tchad est sans doute le pays qui a reçu le moins d'IDE dans la zone CEMAC entre l'indépendance en 1960 et l'ère de la découverte du pétrole en 1999. Cette situation est due pour une large partie aux obstacles naturels (pas de côte maritime) et surtout à la diversité ethnique et religieuse exploitée négativement par des politiciens. Rappelons que de 1970 à 1999, l'IDE au Tchad n'a pas excédé une moyenne annuelle de 15 millions USD. De 1971 à 1983 le Tchad a enregistré zéro IDE. A partir des années 2000, ce pays a commencé à recevoir les IDE surtout grâce à la découverte de l'or noir. A partir de la figure 2 ci-dessous, nous constatons que la part des IDE dans le PIB au Tchad est plus importante que celle de la Guinée Equatoriale ces cinq(5) dernières années et celle du Gabon durant toute la période bien qu'elle est restée stable à environ 6% du PIB.

Figure n°2 : Evolution du ratio IDE/PIB

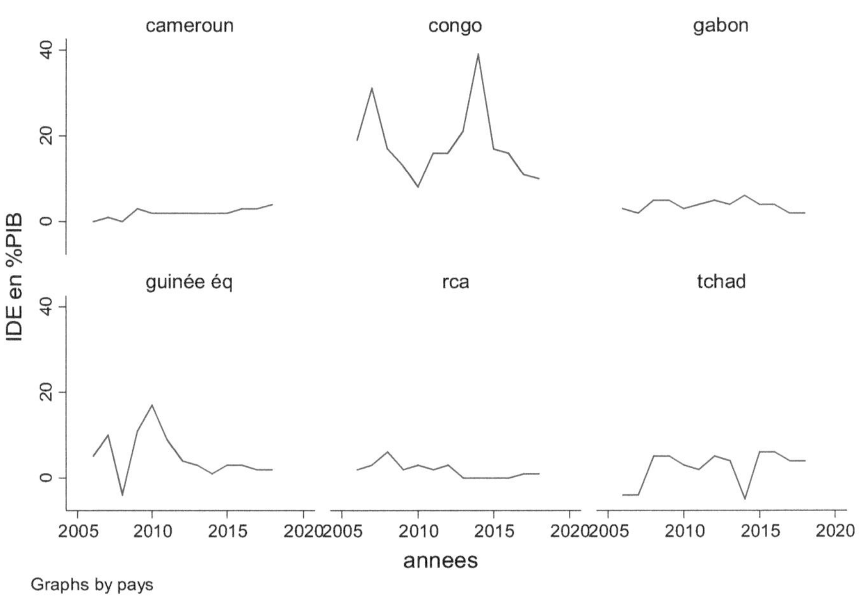

Source : *auteur à partir des données de la CNUDED(2017).*

L'IDE vers la CEMAC est inégalement réparti dans quatre secteurs principaux de l'activité économique : primaire, minerais et hydrocarbure, manufacturier et tertiaire. Dans certains pays comme le Cameroun, le pétrole a souvent été assimilé au secteur industriel (secondaire), mais depuis quelques années et compte tenu de l'importance de cette ressource dans l'économie de chacun des pays de la CEMAC, le pétrole est comptabilisé comme un secteur particulier. La répartition sectorielle est aussi très volatile d'une année à une autre entre les secteurs et même à l'intérieur de chacun des pays de la zone. En 2016, selon la CNUDED, on estime à 11.449,0803 millions de dollars le montant des IDE vers la CEMAC et, de ce montant, environ 80% de ces IDE sont investis dans le secteur des hydrocarbures et des minerais, 11% dans le secteur manufacturier (industrie) et environ 4% dans les services (tertiaire).

De cette analyse, on peut dire que dans les pays de la CEMAC, la décision d'investir repose principalement sur l'existence d'un sous-sol riche en minerais et en hydrocarbures et la baisse observée des IDE de ces dernières années découlent de la chute des prix du pétrole qui constitue la principale source de richesse de la majorité des pays. La recherche d'une main-d'œuvre à bon marché est une motivation secondaire en zone CEMAC car les investisseurs reprochent souvent à cette zone le coût relativement élevé de sa main-d'œuvre, en comparaison aux autres pays en développement, notamment ceux d'Asie du Sud-est ou d'Asie du Sud-ouest. A titre de comparaison, le salaire moyen au Gabon est de 200 euros alors que le salaire moyen en Chine est de 125 euros.

La présence française dans la CEMAC est le fait d'une centaine de filiales et d'environ 400 entreprises appartenant à des ressortissants français. Les groupes français sont notamment présents dans les secteurs de l'exploitation pétrolière (Perenco, Total qui exploitent les gisements off-shore), l'industrie agroalimentaire (Compagnie fruitière, Bolloré, Vilgrain, Castel), le bois (Rougier et Pasquet), l'industrie (Lafarge, Air Liquide), le BTP (Vinci/Sogea-Satom, Fayat/Razel, Bouygues), le transport et la logistique (Bolloré, CMA-CGM), les activités financières (Société générale, BPCE, Axa), les télécommunications (Orange), la distribution (franchises des enseignes Super U et Casino, Total, CFAO/Laborex, et plus récemment Carrefour), etc.

Outre les investissements français, les principaux investisseurs étrangers présents dans la zone CEMAC sont :

- Agro-alimentaire : Guinness (Royaume-Uni), Nestlé (Suisse), Olam (Singapour) ;

- Banque : City Bank (États-Unis), Standard Chartered (Royaume-Uni), Ecobank (Afrique du Sud, Nigéria), UBA (Nigéria) ;
- BTP : Arab Contractors (Egypte), China road and bridge Co., Andrade Gutierrez (Brésil) ;
- Chimie, détergents : Colgate Palmolive (États-Unis) ;
- Ciment : Cimaf (Maroc), Dangote (Nigeria),Medcem (Turquie) ;
- Distribution de carburant : OilLybia, Texaco (États-Unis) ;
- Énergie : Actis-Eneo(Royaume-Uni) ;
- Hôtellerie : Hilton (États-Unis) ; Radison (États-Unis) ;
- Négoce de matières premières, engrais :Solevo (ex-Louis Dreyfus Commodities Cameroun) (Royaume-Uni) ;
- Pétrole : Addax (Chine) ;
- Télécommunications : MTN (Afrique du Sud), Nextel / Viettel (Vietnam), Airtel (Inde).

IV.1.2.Evolution de l'inflation dans les pays de la CEMAC

La figure 3 ci-dessous montre que dans la majorité des pays de la CEMAC, le taux d'inflation reste un peu maîtrisé et il est de l'ordre de 3,01% en moyenne sur l'ensemble de la période. Au Congo, le taux d'inflation enregistre une nette augmentation passant de -1% en 2012 à près de 10% en 2018. Au Gabon, ce taux est plus que négatif. En 2006 il était de 10% et est tombé jusqu'à 1% en 2018. En RCA, le taux d'inflation le plus faible a été de 2% en 2007 mais il a atteint 11% en 2014 pour tomber à 5% en 2018. C'est au Cameroun que l'on observe une maîtrise de l'inflation. Ce pays a enregistré en 2015 et 2016, des taux nuls d'inflation. Une légère augmentation du taux d'inflation de 7% est observée seulement à partir de 2008. Après cette année, l'inflation est resté stable de 2% jusqu'en 2018.

Des taux d'inflation record ont été observés en Guinée Equatoriale. Le taux d'inflation a atteint 20% en 2008 et se situe à 13% en 2018 dans ce pays. Depuis 2015, ce taux continue d'augmenter comme le montre la figure 4. Au Tchad, le taux d'inflation a atteint son pic en 2006 (10%) mais à partir de 2012, l'inflation semble être maîtrisée. Le taux d'inflation se situe à 7% en 2018 dans ce pays.

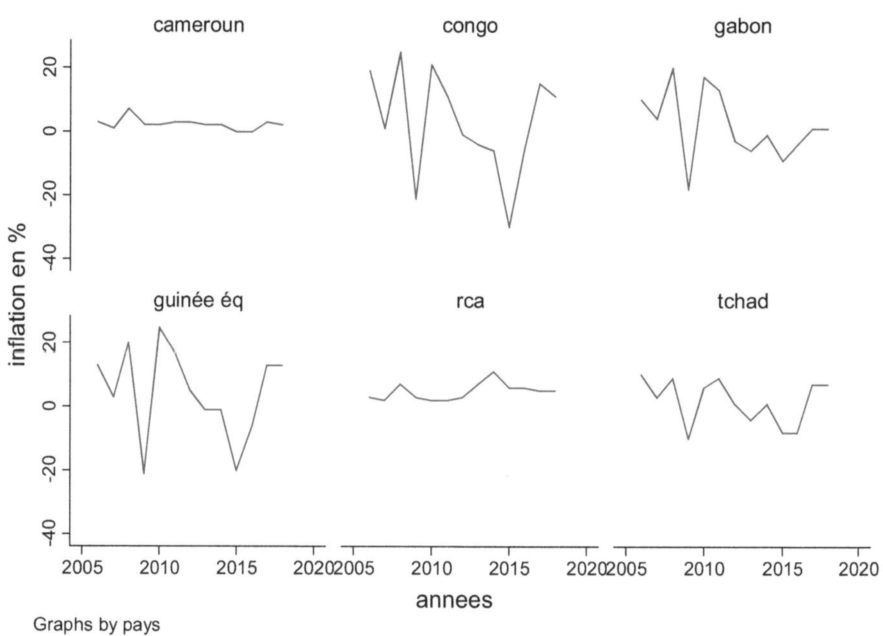

Figure n°3 : Evolution de l'inflation

Source : auteur à partir des données de la Banque Mondiale.

IV.1.3. Evolution du taux de croissance dans les pays de la CEMAC

La figure 4 ci-dessous montre que la chute du prix du baril de pétrole de ces dernières années a entraîné dans certains pays de la CEMAC, un ralentissement de la croissance : c'est le cas du Gabon et de la Guinée Equatoriale. Dans d'autres pays comme le Congo, le taux de croissance a été négatif ces trois dernières années. Cependant, une légère augmentation du taux de croissance a été observée au Cameroun, seul pays qui a su maintenir son taux de croissance positif sur l'ensemble de la période grâce à la diversification de son économic. Le taux de croissance moyen de la CEMAC a été de 3,08% sur l'ensemble de la période (2006-2018).Les résultats détaillés sur les performances des pays de la CEMAC dans les indicateurs macro-économiques sont présentés en annexes dans le tableau 15.

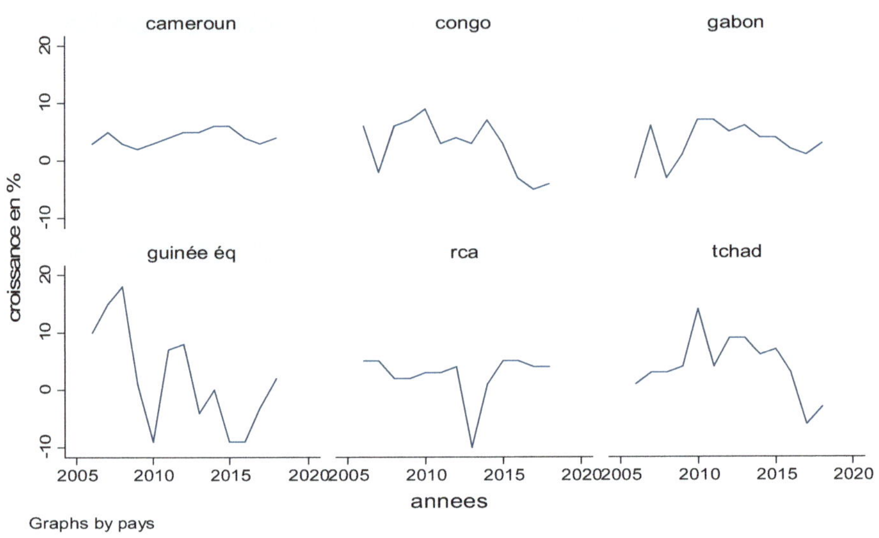

Source : auteur à partir des données de la Banque Mondiale.

IV.1.4. Performances de la CEMAC dans Doing Business (2006-2018)

Tableau n°2 : Résultats des statistiques descriptives

Variables	Moyenne	Min	Max
Ratio IDE/PIB	5,5	-5	39
Climat des affaires (distance à la frontière)	37,35	26	48
Création d'entreprises (nombre de jours)	73,84	14	167
Octroi de permis de construire (nombre de jours)	192,60	136	329
Transfert de propriété (nombre de jours)	60,38	23	103
Obtention de prêts (note 0-8)	3,57	1	7
Paiement des impôts (nombre de fois dans l'année)	47,37	25	64
Commerce transfrontalier (nombre de documents)	9,30	4	14
Exécution des contrats (nombre de jours)	704,08	400	1100
Protection des investisseurs (note 0-10)	3,41	1	6
Règlement de l'insolvabilité (délai en année)	5,39	2	8
Raccordement à l'électricité (nombre de jours)	110,93	55	230

Source : auteur à partir de la base de données de Doing Business.

Il ressort du tableau 2 ci-dessus que le ratio des IDE sur le PIB le plus élevé dans la zone CEMAC est de 39% alors que le plus faible est de -5%. Ceci montre qu'il existe une très forte disparité dans la répartition des flux d'IDE dans la CEMAC et la moyenne de ce ratio qui tourne autour de 5,5% montre que les pays de la CEMAC reçoivent en général moins d'IDE relativement à leur poids économique (PIB).

De même le meilleur score enregistré par les pays de la CEMAC durant toute la période de l'étude est de 48en matière du climat des affaires alors que la performance la plus basse en termes de facilitation des affaires est 26. Compris sur une échelle de 0 à 100, la zone CEMAC enregistre un score moyen de 37,35, ce qui la laisse à une distance de 62,65 points de pourcentage de la frontière.

Le délai moyen pour créer une entreprise dans la zone CEMAC est d'environ 74 jours et les pays qui pratiquent les meilleures performances proposent 14 jours aux investisseurs. Les pays de la CEMAC où il est plus difficile de créer une entreprise fixent ce délai à 167 jours. Il faut au minimum parcourir 7 procédures et 136 jours pour avoir le permis de construire auprès des mairies dans la zone CEMAC et dans les cas extrêmes 329 jours. En moyenne, un entrepreneur doit s'attendre à engager 15 procédures et attendre après 192 jours pour avoir l'autorisation de construction d'un entrepôt.

Le nombre de jours moyen pour les transferts de propriétés dans la CEMAC est de 60,38. Il peut donc varier entre 23 et 103 selon les pratiques mises en place par les différents pays. Concernant le commerce transfrontalier, il faut fournir en moyenne dans la zone CEMAC, 9 documents. Au minimum 4 documents et au maximum 14 documents sont requis pour exporter une cargaison standard de marchandises.

L'étendu moyen de l'information sur le crédit dans les pays de la CEMAC est relativement faible et la note se situe à 3,57. Cependant certains pays d'Afrique comme l'Afrique du sud, l'Egypte parviennent à mettre en place les conditions qui permettent l'accès intégral de l'information sur le crédit et obtiennent une note de 8, qui représente le score maximum ; alors que le score maximum est de 7 dans les pays de la CEMAC. Par exemple, il est difficile d'accéder à l'information dans les pays comme la République du Congo ou la Guinée Equatoriale qui récoltent le score minimum de 0 pendant la période de l'étude.

Un investisseur étranger qui s'installe dans les pays de la CEMAC doit en moyenne payer 47 fois l'impôt dans l'année et supporter 39 procédures pour exécuter un contrat de vente. Certains pays allègent la charge fiscale et fixe ce nombre à 25 alors que dans les pays de la CEMAC où les formalités administratives dans le paiement des impôts sont lourdes, ce nombre peut atteindre 64. En sus, il faut s'attendre entre 24 et 49 procédures avant de recevoir le paiement effectif d'une transaction.

Il faut à un investisseur 1 an au minimum et 6 ans au maximum pour effectuer toutes les procédures de cessation d'une activité. Les pays de la CEMAC présentent des lenteurs dans ce domaine avec une moyenne qui est de trois années.

Enfin, il faut en moyenne, 110 jours, au maximum 230 jours et au minimum 55 jours pour qu'une entreprise puisse se raccorder à l'électricité dans les pays de la CEMAC. Les procédures à l'accès à l'électricité sont encore lentes par rapport à la zone UEMOA où le nombre de jours moyen d'accès à l'électricité est de 60 jours. Le tableau 16 en annexe indique la moyenne de notes obtenues par les pays de la CEMAC sur les indicateurs de Doing Business sur la période de l'étude.

IV. 1.5. Evolution de quelques indicateurs de Doing Business dans les pays de la CEMAC

Figure n° 5 *:* Evolution de l'indicateur octroi de permis de construire

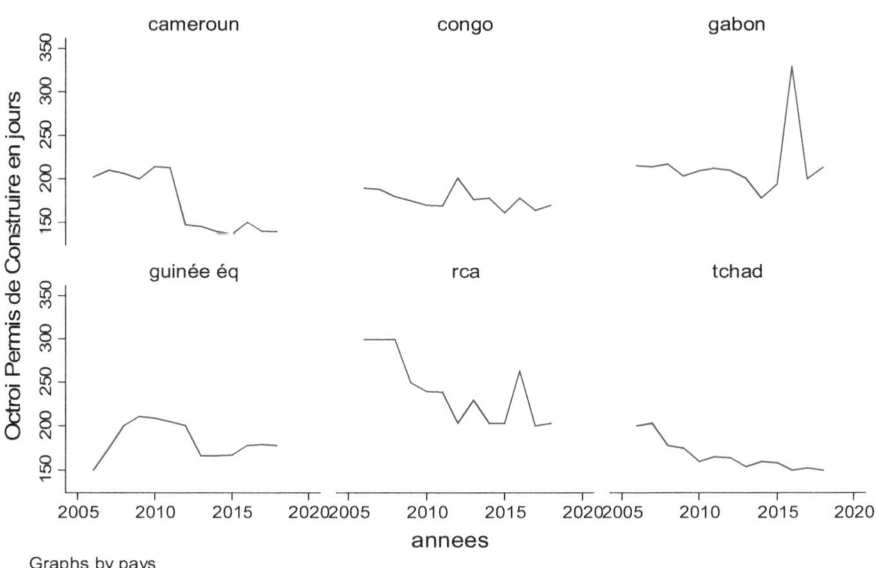

Source *: auteur à partir des données de Doing Business.*

La figure 5 ci-dessus montre que ces dernières années le nombre de jours pour obtenir un permis de construire auprès des mairies dans les pays de la CEMAC est en train de diminuer ; ce qui montre que les efforts sont consentis dans la sous-région dans ce domaine pour faciliter les affaires. Le Cameroun a facilité l'octroi des permis de construire en mettant en place des études simplifiées de l'impact environnemental pour les constructions commerciales simples. Cette mesure s'est traduite par une réduction de 9% des délais et de 32,7% des coûts[10].

---

[10] : http://www.freetheworld.com/release.html

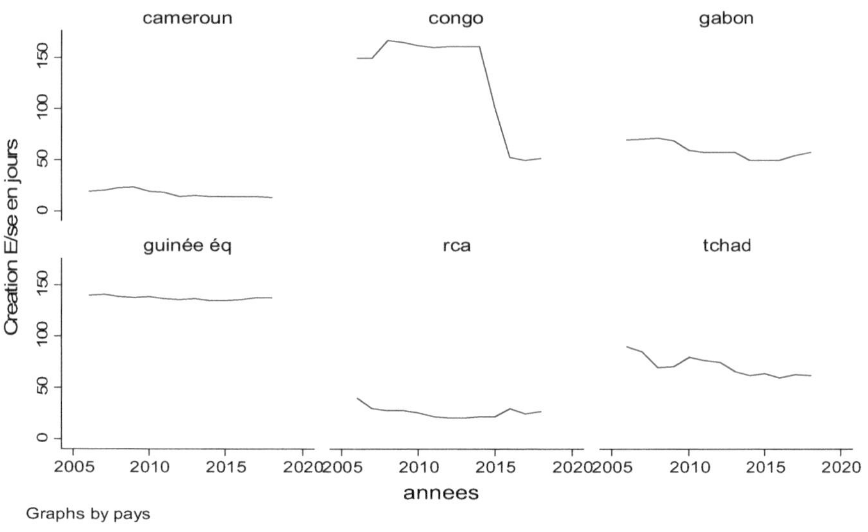

Figure n°6 : Evolution de l'indicateur création d'entreprise

Source : *auteur à partir des données de Doing Business.*

Le graphique n°6 ci-dessus traduit aussi les efforts des pays de la CEMAC de ces dernières années dans la composante « création d'entreprises » de Doing Business. Dans la majorité des pays, les courbes ont une tendance à la baisse. Par exemple au Congo le nombre de jours pour créer une entreprise est passé de plus de 150 jours en 2008 à 50 jours en 2018. Au Cameroun ce nombre de jours n'atteint pas 25. Cela se traduit par les reformes mises en place par les pays de la CEMAC pour faciliter les formalités administratives relatives à la création d'une entreprise notamment l'amélioration des services de guichet unique auprès des centres de formalités des entreprises des différents pays.

Figure n° 7 : Evolution de l'indicateur impôts et taxes

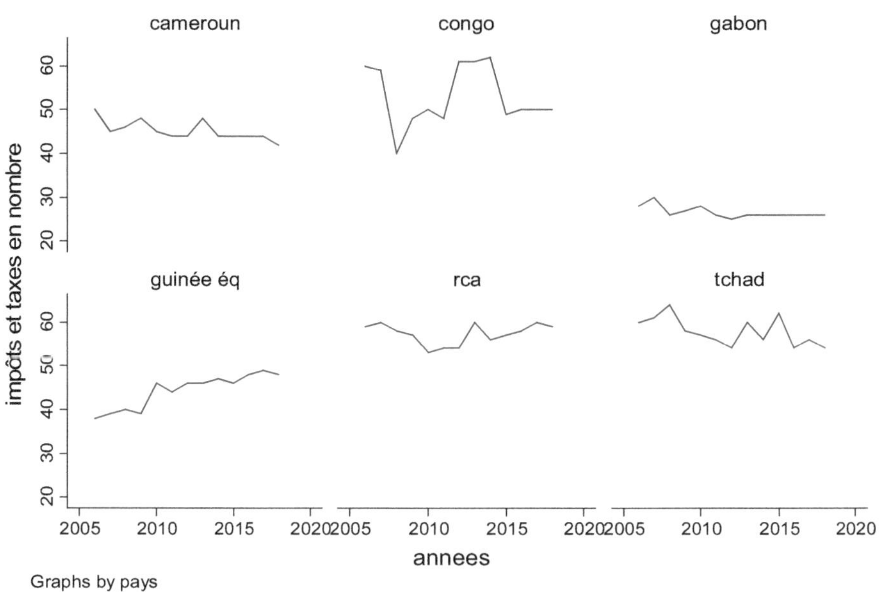

Source *: auteur à partir des données de Doing Business.*

Il ressort du graphique n°7 ci-dessus que le nombre des impôts et taxes que doit payer une entreprise est resté stable au Congo et au Gabon ces dernières années. Ce nombre est de 50 au Congo et de 25 au Gabon. Cependant, on observe une légère baisse de ce nombre dans les autres pays de la CEMAC. Toute fois le nombre des impôts et taxes à payer dans les pays de la CEMAC reste assez élevé et cela pourrait décourager les investisseurs étrangers. Une étude réalisée par Boungou *et al.*,(2011) a montré qu'une PME au Congo et en RCA doit payer chaque année respectivement 52 taxes et 49 taxes et la plus part de ces taxes émanent de la parafiscalité ; ce qui obère à la rentabilité des entreprises.

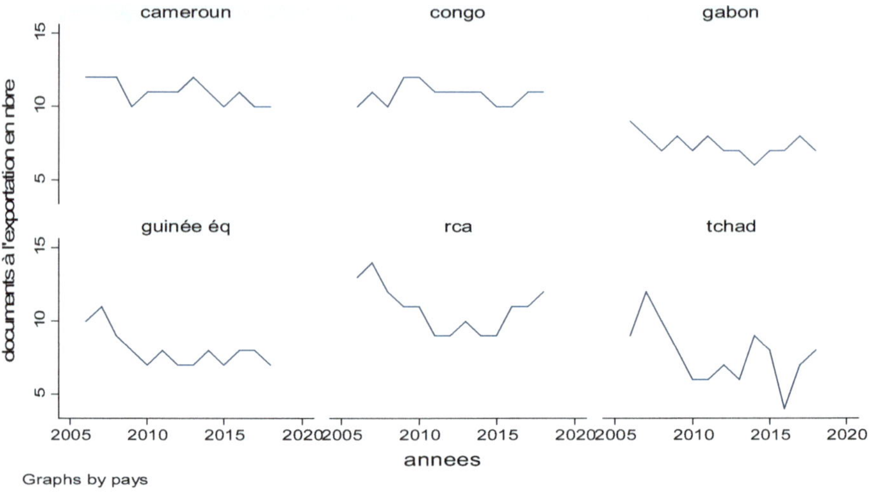

Source *: auteur à partir des données de Doing Business.*

A la lumière du graphique n°8 ci-dessus, le commerce transfrontalier constitue un obstacle pour l'attractivité des IDE dans la CEMAC car plus de 10 documents sont exigés pour l'exportation des marchandises au Congo, en RCA et au Cameroun alors que 3 documents suffisent pour exporter les marchandises à Singapour, pays qui représente la bonne pratique mondiale et 5 documents à l'Île Maurice (lettre de transport, facture commerciale, déclaration en douane, certificat d'exportation et liste de colisage), pays qui représente la bonne pratique régionale en 2018. C'est la Guinée Equatoriale qui exige moins de documents à l'exportation dans la zone CEMAC. Plus de documents signifie plus d'approbations, ce qui ralentit et rend plus coûteux le processus de dédouanement.

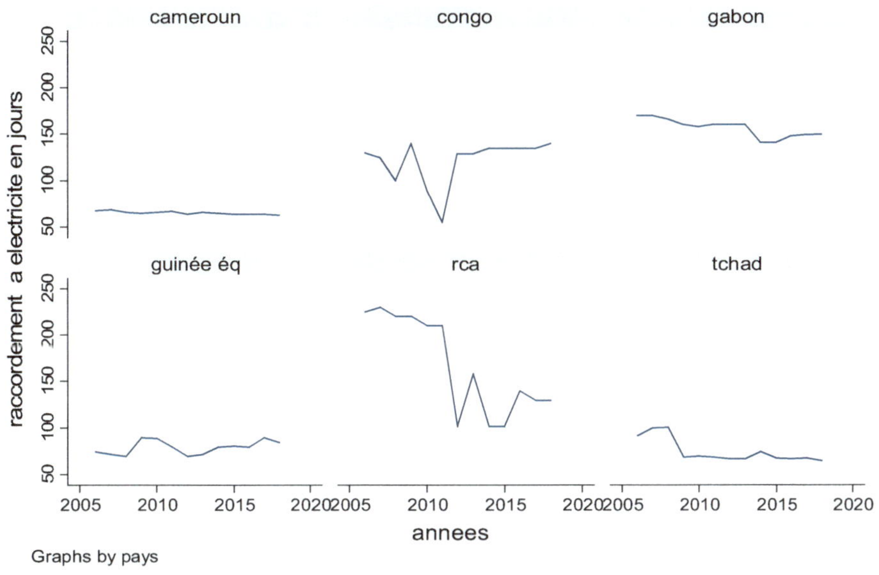

Figure n°9 : Evolution de l'indicateur raccordement à l'électricité

Source : auteur à partir de la base de données de Doing Business.

A partir de la figure n°9 ci-dessus, nous constatons que le Cameroun, la Guinée Equatoriale et le Tchad ont des durées de raccordement à l'électricité inférieures à 100 jours. C'est le Congo, le Gabon et la RCA qui présentent des durées de raccordement à l'électricité de plus de 100 jours. Cette longue durée de raccordement à l'électricité décourage les investisseurs. De même, la qualité d'électricité dans les pays de la CEMAC n'incite pas les investisseurs car les contrecoups des interruptions fréquentes de la fourniture d'électricité à partir du réseau public réduisent leur compétitivité internationale. Une étude de la Banque mondiale (2010), a montré qu'au Cameroun 28 % du temps est consacré aux interruptions de l'électricité ; 30% au Congo et 18% en Tanzanie; ce qui rend le commerce et l'investissement moins attractifs pour les investisseurs étrangers.

IV. 1.6. Ressources naturelles dans les pays de la CEMAC

De par l'abondance et la diversité de ses ressources naturelles, la CEMAC possède un potentiel considérable dans de nombreux secteurs. Elle abrite la deuxième forêt tropicale au monde après l'Amazonie. Son sous-sol est riche en ressources minières de tout ordre : du pétrole, du gaz, des métaux (fer, manganèse, bauxite, cobalt, nickel …), des non-métaux (potasse, magnésium, sel, …), des pierres précieuses (or, diamant, ...). Son positionnement géographique et sa diversité climatique en font une zone propice à l'éclosion de nombreuses filières agricoles intensives, à la pratique de l'élevage de bétail, porcin, avicole et diverses petites filières d'élevage. Au-delà de la forêt, le littoral CEMAC est riche d'une faune et flore marine et lagunaire d'une grande biodiversité. Ce package fait de la CEMAC, une zone attractive au développement d'un écotourisme de grande qualité et fortement rémunérateur.

En effet, l'économie de la majorité des pays de la CEMAC dépend plus ou moins fortement des industries extractives (en moyenne environ 40 % du PIB agrégé) et de façon croissante du secteur pétrolier (CEMAC 2009). Les recettes d'exportation d'origine pétrolière en 2015 ont représenté 67%des recettes d'exportation de la CEMAC et près de 20 % du PIB nominal. La Guinée Equatoriale est le premier pays producteur de pétrole brut de la CEMAC (en Afrique Sub-saharienne, elle se place après l'Angola et le Nigeria) avec en 2015 une production de 17,5millions de tonnes, suivie du Gabon (12,1), du Congo (11,0) du Tchad (7,3) et du Cameroun(4,3). Ces 5 pays assurent près de 11 % de la production de pétrole du continent africain et représentent les pays les plus dotés en ressources naturelles en Afrique Sub-saharienne.

D'autres produits importants dans la CEMAC sont le diamant (la RCA constate une évolution positive des exportations, le Gabon a une exploitation artisanale non régulée), le cobalt, le manganèse (pour lequel le Gabon vise à devenir un acteur important au niveau mondial), le cuivre (Gabon), le fer (Gabon) et l'aluminium(Cameroun). En ce qui concerne l'uranium, la RCA possède des gisements dont l'exploitation a démarré en 2010.

Ces ressources que l'on vient d'énumérer, attirent plus de 50% des IDE dans la zone CEMAC mais aussi permettent d'alimenter des conflits armés, en liaison avec la faiblesse des États à contrôler de nombreux territoires qui sont dès lors livrés à une exploitation anarchique. La sous-région est engagée dans des initiatives internationales de contrôle des ressources. Ainsi, le Congo et la RCA ont adhéré au processus dit de Kimberley sur la certification des diamants bruts. Le Gabon, le Congo, le Cameroun, la RCA et la Guinée Equatoriale ont le statut de pays candidat à l'ITIE (*Initiative pour la transparence dans les industries extractives*) et devraient depuis 2010 satisfaire aux critères de validation.

IV.1. 7. *Classement des pays de la CEMAC dans Doing Business 2018 sur 190 économies*

Tableau n°3: CEMAC dans Doing Business 2018

Indicateurs	Classement Congo		Classement Cameroun		Classement RCA		Classement Gabon		Classement Guinée Equatoriale		Classement Tchad	
	DB13	DDF18	DB18	DDF18	DB18	DDF18	DB18	DDF18	DB18	DDF18	DB18	DDF18
Création d'entreprise	177	64.69	122	82.39	188	37.02	132	80.48	182	54.96	185	50.26
Octroi de permis de construire	125	63.07	140	59.74	180	38 .86	149	58.33	160	54.95	153	56.79
Raccordement à l'électricité	181	28.42	121	60.35	183	24.64	170	40.21	146	53.44	177	32.17
Transferts de propriété	177	36.04	176	37.33	169	41.92	173	40.00	162	44.45	159	44.67

Obtention de prêts	133	35.00	68	60.00	142	30.00	122	40.00	122	40.00	142	30.00
Protection des investisseurs	146	40.00	138	41.67	146	40.00	160	38.33	146	40.00	160	38.33
Paiement des impôts et taxes	185	26.79	183	36.34	187	18.89	165	51.64	177	41.54	188	17.92
Commerce transfrontalier	184	19.68	186	15.99	145	58.64	169	43.94	174	32.05	172	40.12
Exécution des contrats	155	43.99	162	41.76	182	30.46	178	32.84	104	55.25	154	44.58
Règlement de l'insolvabilité	118	37.98	125	36.73	150	28.13	126	36.11	168	0.00	150	28.13
Ensemble	**179(4)**	**39.57**	**163(1)**	**47.23**	**184(6)**	**34.86**	**167(2)**	**46.19**	**173(3)**	**41.66**	**180(5)**	**38.30**

Source*: Doing Business (2018)*

Le score de la distance à la frontière (DDF) permet de montrer la distance de chaque économie par rapport à une « frontière » qui représente la meilleure performance observée à travers l'ensemble des économies couvertes par Doing Business (DB). En effet, la distance à la frontière d'une économie est calculée sur une échelle de 0 à 100, où 0 représente la performance la plus basse et 100 représente la « frontière », la performance la plus élevée. Dans Doing Business (2018), les économies sont classées de 1 à 190 par rapport à la facilité d'y conduire des affaires comme le montre le tableau 3 ci-dessus.

En effet, il ressort de ce tableau n°3 que les pays de la CEMAC sont moins performants dans les indicateurs de Doing Business. Dans l'ensemble, la distance à la frontière n'a pas atteint la moyenne. Elle est inférieure à 50 dans tous les pays de la CEMAC. Ces derniers accusent un retard collectif surtout dans les domaines comme l'exécution de contrats et le règlement de l'insolvabilité. Le Gabon a obtenu la performance la plus basse en matière de règlement de l'insolvabilité. Cependant, on constate que dans la sous-région, les efforts sont fournis au niveau des indicateurs suivants : création d'entreprise et octroi de permis de construire où en dehors de la RCA, tous les autres pays de la CEMAC ont obtenu une distance à la frontière supérieure à 50 concernant ces indicateurs.

En ce qui concerne, le changement de la distance à la frontière, Doing Business(2018) souligne que malgré les contre-performances enregistrées, des changements positifs ont été observés dans la zone CEMAC par rapport à 2017.Par exemple, au niveau de la création d'entreprise et de l'obtention des prêts, le Congo a gagné 5 points respectivement. Le Cameroun a gagné 7 points sur la création d'entreprise ; 10 points sur le raccordement à l'électricité et 25 points sur l'obtention de prêts. Le Gabon a gagné 6 points sur l'indicateur création d'entreprises et 7 points sur l'indicateur obtention de permis de construire. La Guinée Equatoriale quant à elle, a gagné 18 points sur la création d'entreprises alors que la RCA en a gagné que 3 points. Enfin, le Tchad a gagné seulement 1 point sur l'indicateur création d'entreprises. Ainsi donc, par rapport à 2017, aucun pays de la CEMAC n'a perdu de points sur tous les indicateurs de Doing Business en 2018.

IV.1. 8. Attractivité dans la CEMAC

La zone CEMAC d'après les données de 2015 sur le score de performance d'attractivité de l'Observatoire de la Compétitivité Durable, connaît un manque général d'attractivité (confère la figure n°11 ci-dessous). Les coûts élevés des principaux facteurs de production sont en partie la conséquence des contraintes géographiques qui confèrent une attractivité limitée aux pays de la CEMAC. Ce score est construit en procédant à une normalisation des scores nationaux. Le pays africain ayant la meilleure attractivité pour l'investisseur est crédité de 100 et 0 pour celui qui a la situation la moins favorable dans l'échantillon de 41 pays africains. Comme l'indique la figure n°10, quatre grandes rubriques sont prises en considération. Elles reflètent les attributs associés aux infrastructures, à la taille du marché, au capital humain et système financier, à la qualité de la gouvernance à la fois politique et économique. A l'exception du Gabon et dans une moindre mesure le Cameroun, la prise en compte simultanée de ces quatre rubriques reflète l'ampleur du chemin à parcourir pour attirer les investisseurs vers d'autres secteurs que ceux liés aux matières premières brutes.

Les pays enclavés sont de loin les plus concernés par le manque d'attractivité. La RCA (0) se classe en effet dernière dans le classement effectué sur l'ensemble de l'Afrique et le Tchad (25) se positionne dans le dernier quart de la distribution africaine.

Figure n°10 : Score d'attractivité dans la CEMAC

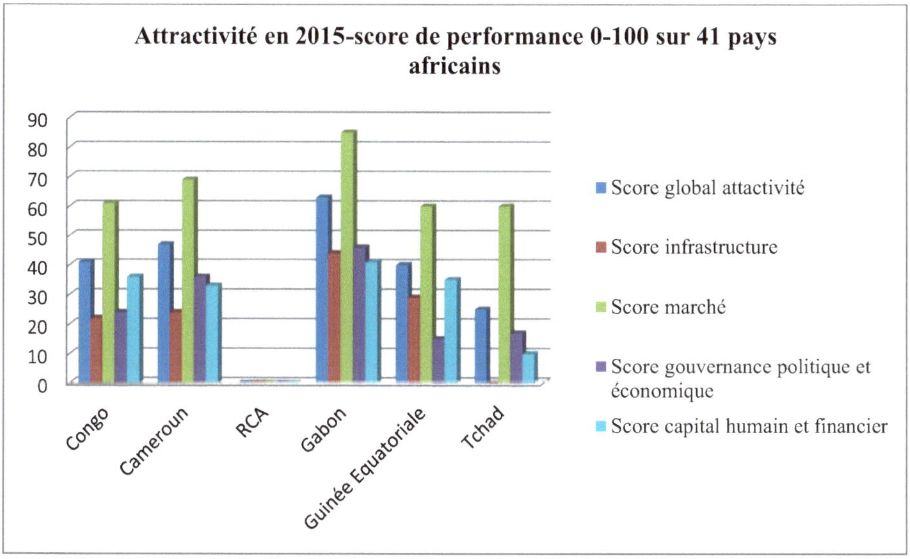

Source: *Observatoire de la compétitivité durable (2015).*

IV.2. Présentation et analyse des résultats économétriques

Dans la présente partie, nous allons d'abord présenter les résultats des différents tests et ensuite, présenter ceux des différentes régressions.

IV.2.1. Présentation et analyse des résultats des tests de spécification

IV.2.1.1. Test d'homogénéité de Fischer

C'est l'un des tests utilisés pour justifier s'il est opportun d'estimer le modèle sur les données de panel ou s'il faut plutôt estimer le modèle par pays.

Les hypothèses du test sont les suivantes :

H_0 : modèle pooled ;
H_1 : modèle à effets individuels.

Le test de Fisher en annexe issu du modèle à effet fixe (équation 5) à partir de Stata. 11, donne les résultats suivants :

F (5, 59) = 4,24

Prob > F = 0, 0023

Les résultats indiquent la présence des effets individuels car la probabilité du test de Fischer est inférieure au seuil de 0,05. On ne peut donc rejeter H_1 et on peut estimer le modèle sur les données de panel car l'utilisation des données de panel est par conséquent bien adaptée à la situation que nous décrivons. Les résultats détaillés de ce test figurent dans le tableau 5 en annexe. Mais cet effet spécifique peut être individuel ou aléatoire. Il faut donc effectuer un second test de spécification pour décider du caractère aléatoire ou non des effets spécifiques. Le test le plus répandu pour résoudre ce genre de problème est celui de Hausman.

IV.2.1.2. Tests de Hausman et de Breusch- Pagan

Le test de Hausman suit une loi de Khi-deux avec k-1 degré de liberté et permet de faire un choix entre le modèle à effet fixe et le modèle à effet aléatoire qui permettent de prendre en compte l'hétérogénéité des données. Dans le premier cas on suppose que les effets spécifiques peuvent être corrélés avec les variables explicatives du modèle, et dans le second cas on suppose que les effets spécifiques sont orthogonaux aux variables explicatives du modèle.

Lorsque la probabilité de ce test est inférieure au seuil retenu de 5%, le modèle à effet fixe est privilégié. Dans le cas contraire, on retient le modèle à effets aléatoires.

Les hypothèses sont les suivantes :

H_0 : absence d'effets aléatoires ;
H_1 : présence d'effets fixes.

Les résultats du test de Hausman qui figurent en annexe dans le tableau 6 montrent que l'on accepte le modèle à effet fixe et l'on rejette celui à effet aléatoire car la probabilité du test de Hausman est égale à 0,0373, inférieure à 5%. De même, le test de Breusch et Pagan donne une probabilité associée de 0,7436, supérieure à 5%. Dans ce cas, on accepte l'hypothèse nulle et on rejette la spécification d'une structure à erreur composée (confère tableau 7 en annexe).Nous pouvons ainsi appliquer l'estimateur *within* qui permet d'estimer, sans biais, un modèle à effet fixe. Mais une condition nécessaire pour appliquer ce type d'estimateur est qu'il faut absolument que les erreurs soient homoscédastiques et non auto-corrélées. Il nous faut donc d'abord faire les tests d'hétéroscédasticité et d'auto-corrélation des erreurs pour nous assurer de la validité de cet estimateur.

IV.2.1.3. Test d'auto-corrélation des erreurs

Ce test permet de savoir si la variable assignée est corrélée à une ou plusieurs variables explicatives incluses dans le modèle. Dans ce cas, si les résidus retardés expliquent le résidu du modèle, il ya auto-corrélation. Au cas contraire il ya abscncc d'auto-corrélation. Lcs résultats du tcst sont présentés cn anncxc (tableau 8). Ils montrent que les résidus retardés d'ordre 2 n'expliquent pas le résidu du modèle ; on conclut qu'il ya absence d'auto-corrélation.

IV.2.1.4. Test d'hétéroscédasticité

Les résultats de ce test présentés en annexe (tableau 10) montrent que les variables création d'entreprise, impôts et taxes, exécution de contrat et règlement de l'insolvabilité expliquent le carré des résidus. Le test de Wald donne une probabilité de 0,0001 proche 1. On peut déduire qu'il ya hétéroscédasticité des erreurs.

IV.2.1.5. Choix de la méthode d'estimation

Selon Ndinga Mathias (2018), la technique d'estimation est choisie en tenant compte des biais détectés par l'auteur (chercheur) lors des tests de spécification. En effet, nous avons observé à partir du test d'hétéroscédasticité, la présence d'hétéroscédasticité des erreurs. Par contre, le test d'auto-corrélation indique que les erreurs ne sont pas auto-corrélées.Néanmoins, du fait de l'hétéroscédasticité[11], sur le logiciel Stata, l'estimateur de moindres carrés ordinaires (MCO) du modèle à effet fixe avec la commande « reg »est biaisé. Nous ne pouvons donc plus utiliser l'estimateur *within* pour les estimations. L'estimateur le plus adapté à ces genres de problème reste l'estimateur par les

---

[11] : Lorsqu'il ya hétéroscédasticité, la variance de l'erreur est liée aux valeurs de la variable explicative et il y a risque de colinéarité entre les variables explicatives.

MCO avec variables indicatrices individuelles. La méthode de White avec la commande « areg »corrige l'hétéroscédasticité dans un modèle à effet fixe et nécessite de spécifier la dimension individuelle. L'option absorb *(id)* dans Stata, spécifie la variable « *id* » comme représentant la dimension individuelle. Ceci permet de créer les 13 variables indicatrices relatives aux pays. Dans ce travail, le modèle à effet fixe avec correction de l'hétéroscédasticité est utilisé pour l'estimation des résultats.

IV.2.2. Présentation et interprétations des résultats des régressions

Nous présentons d'abord les résultats des estimations grâce à l'application du modèle à effet fixe avec correction de l'hétéroscédasticité et ensuite, leurs interprétations.

IV.2.2.1. Présentation des résultats économétriques

La régression de l'équation (4) visant à évaluer l'effet du climat des affaires sur les IDE a donné les résultats suivants :

Tableau n°4 : Climat des affaires et IDE dans la CEMAC

IDE/PIB	Modèle à effet fixe de l'équation (4)
CLIMAT	-4811313***
	(0.011)
INFLA	-0245355
	(0.852)
CROISS	-1107788
	(0.561)
RESNAT	2253347***
	(0.000)
_cons	9.23463**
	(0.060)
Prob > F	
	(0.0010)***
R^2	0.3284

.B : ***, **, et * représentent respectivement la significativité à 1%, 5% et 10%.

Source: *auteur à partir de Stata 11.*

La régression de l'équation (5) visant à évaluer l'effet des indicateurs de Doing Business sur les IDE a donné les résultats suivants :

Tableau n°5 : Doing Business et IDE dans la CEMAC

IDE/PIB	Modèle à effet fixe de l'équation (5)
CRENTP	0454973
	(0.135)
OCTPC	-0809856***
	(0.003)
TRANSPRO	1435978**
	(0.012)
OBTPRET	1834844
	(0.700)
PROTINV	-1.40768*
	(0.082)
PAYTAX	4838073***
	(0.000)
COMTRANS	-8795179*
	(0.096)
EXECONTR	0069118
	(0.340)
RACELEC	0685297***
	(0.000)
REGINSOL	-1.433812**
	(0.030)
INFLA	-0600295
	(0.497)
	-1456824
CROISS	(0.470)
	234085***
RESNAT	(0.002)
	-20.81804*
_cons	(0.055)
Prob > F	
	(0.0000)***
R²	0.6998

N.B : ***, **, et * représentent respectivement la significativité à 1%, 5% et 10%.

Source: *auteur à partir de Stata 11.*

La régression de l'équation (6) visant à évaluer l'effet des indicateurs économiques de Doing Business sur le climat des affaires a donné les résultats suivants :

Tableau n°6 : Composantes économiques de Doing Business et IDE dans la CEMAC

IDE/PIB	Modèle à effet fixe de l'équation (6)
CRENTP	01155926
	(0.661)
OBPRET	-0937951
	(0.830)
PAYTAX	4014192**
	(0.014)
COMTRANS	2725416
	(0.511)
RACELEC	021369
	(0.060)*
INFLA	-0708886
	(0.538)
CROISS	-0200722
	(0.917)
RESNAT	2900993***
	(0.005)
_cons	-37.50554***
	(0.003)
Prob > F	(0.0005)***
R²	0,5481

N.B : ***, **, et * représentent respectivement la significativité à 1%, 5% et 10%.

Source: *auteur à partir de Stata 11.*

La régression de l'équation (7) visant à évaluer l'effet des indicateurs réglementaires de Doing Business sur le climat des affaires a donné les résultats suivants :

Tableau n°7 : Composantes réglementaires de Doing Business et IDE dans la CEMAC

IDE/PIB	Modèle à effet fixe de l'équation (7)
OCTPC	-0126537
	(0.575)
TRANSPO	0364606
	(0.432)
PROINV	-5626285
	(0.473)
EXECONTR	-0108298***
	(0.009)
REGINSOL	-1.356492
	(0.155)
INFLA	-0705468
	(0.551)
CROISS	-0606646
	(0.825)
RESNAT	1748324***
	(0.000)
_cons	11.67048**
	(0.022)
Prob > F	50.98***
R²	0.4310

N.B : ***, **, et * représentent respectivement la significativité à 1%, 5% et 10%.
Source: *auteur à partir de Stata 11.*

Tableau n° 9 : Effet de chaque composante de Doing Business sur les IDE dans la CEMAC

Variables	Modèle à effet fixe des sous équations de l'équation (5)									
IDE/PIB	(1)	(2)	(3)	(4)	(5)	(6)	(7)	(8)	(9)	(10)
CRENTP	062617***									
	(0.000)									
OCTPC		-0268313								
		(0.116)								
TRANSPRO			0037708							
			(0.895)							
OBTPRET				-7349211						
				(0.205)						
PROTINV					-4457176					
					(0.435)					
PAYTAX						4429062***				
						(0.000)				
COMTRANS							9396598*			
							(0.058)			
EXECONTR								-0128792***		
								(0.002)		
RACELEC									0089412	
									(0.504)	

68

REGINSOL										-1.783862**
										(0.023)
INFLA	0029091	0383655	0467556	0251886	0411894	-0611734	0056614	-0421514	0472574	-0043575
	(0.981)	(0.746)	(0.694)	(0.836)	(0.728)	(0.593)	(0.964)	(0.142)	(0.688)	(0.970)
CROISS	-128666	-166587	-1381638	-1114421	-1425931	-0446671	-1497177	-0415946	-1214568	-072383
	(0.516)	(0.406)	(0.480)	(0.552)	(0.458)	(0.809)	(0.443)	(0.848)	(0.546)	(0.734)
RESNAT	0692156**	1578479***	1640596***	164303***	1628297***	3189998***	1822915***	1927834***	1614878***	1305823***
	(0.035)	(0.000)	(0.001)	(0.000)	(0.000)	(0.000)	(0.000)	(0.000)	(0.000)	(0.000)
Prob > F	0.0004***	0.0012***	0.0012***	0.0016***	0.0005***	0.0000***	0.0012***	0.0004***	0.0017***	0.0007***
_R²	0.3571	0.2612	0.2456	0.2601	0.0532	0.5285	0.3009	0.3520	0.2486	0.3531

N.B : ***, **, et * représentent respectivement la significativité à 1%, 5% et 10%.

Source: *auteur à partir de Stata 11.*

IV.2.2.2. Interprétations des résultats économétriques

Nous distinguons dans cette section, l'interprétation économétrique et l'interprétation économique.

IV.2.2.2.1. Interprétation économétrique

Dans toutes les régressions, la probabilité associée à la statistique de Wald est nulle ; ce qui traduit une bonne adéquation d'ensemble du modèle. En d'autres termes les variables retenues expliquent effectivement les IDE dans la zone CEMAC. Quant à la significativité individuelle des paramètres, la décision des tests s'est faite par la comparaison entre la plus-value P>/Z/ et les différents seuils : 1% ; 5% et 10%. Si la plus-value est inférieure au seuil du test, alors on ne peut rejeter l'hypothèse que le coefficient soumis au test est significativement différent de zéro. Ainsi, à travers le tableau n° 5, on constate que les variables inflation et croissance ne sont pas significatives. Quant aux variables climat des affaires et ressources naturelles, elles sont significatives respectivement aux seuils de 10% et 1%.

Les résultats obtenus dans le tableau n° 6 montrent que les variables : obtention de prêt, création d'entreprise, exécution de contrat, inflation et croissance ne sont pas significatives ; alors que les variables : octroi de permis de construire, impôts et taxes, raccordement à l'électricité, ressources naturelles, règlement de l'insolvabilité, commerce transfrontalier et protection des investisseurs sont significatives respectivement aux seuils de1% et 10%.

Dans le tableau 7, la régression des indicateurs économiques du Doing Business regroupés entre eux, montre que seules les variables impôts et taxes, raccordement à l'électricité et les ressources naturelles sont significatives respectivement aux seuils de 5% ; 10% et 1% Les autres variables ne sont pas significatives.

Au niveau du tableau n°8, la régression des indicateurs réglementaires du Doing Business indique que les variables : exécution des contrats et ressources naturelles sont significatives aux seuils de 1%.

Il convient de souligner que dans toutes les régressions, la variable « ressources naturelles » a été significative au seuil de 1% et a présenté un coefficient positif.

IV.2.2.2.2. Interprétation économique

Sur la base de la lecture des probabilités du tableau n° 5, on remarque qu'il existe une relation négative et significative entre la variable d'intérêt (climat des affaires) approximée par la distance à la frontière et les flux d'IDE entrants dans la CEMAC conformément à nos attentes. Ce qui montre que le climat des affaires a une influence négative sur les IDE dans la CEMAC sur la période : 2006-2018. En d'autres termes, la détérioration du climat des affaires dans la CEMAC influence négativement la décision des investisseurs étrangers. En effet, les faibles scores de la distance à la frontière enregistrés par les pays et le bas fond du classement des pays de la CEMAC dans Doing Business sont un signal fort pour décourager l'arrivée massive des investisseurs étrangers. Les résultats montrent également que parmi les variables de contrôle retenues, seule la variable « ressources naturelles »,affiche un coefficient positif et significatif au seuil de 1%. Ce résultat, conforme à nos attentes soutient l'idée selon laquelle les investissements étrangers dans la CEMAC s'expliquent en grande partie par la dotation des pays en ressources naturelles. La forte concentration des IDE dans le secteur pétrolier et minier dans la zone CEMAC confirme ce résultat. Ce dernier est conforme à celui trouvé par plusieurs auteurs, notamment Asiedu (2006) ; Djaowe (2009) et Ibrahima (2015).La dépendance des IDE à l'égard des ressources naturelles dans la CEMAC n'est pas une bonne chose car le rapport « perspectives économiques en Afrique (2017)[12]» souligne que la part des IDE dans les pays riches en ressources naturelles tend de plus en plus à diminuer depuis 2015, au profit des pays pauvres en ressources naturelles qui gagnent progressivement du terrain. Ce rapport souligne également que selon les estimations du FMI, les pays pauvres en ressources naturelles devraient recevoir 40% du total des IDE en 2017, contre 33% en 2015 et 24% en 2009.

Cependant, bien que non significatif, le taux de croissance du PIB réel n'a pas le signe attendu. L'inflation présente également un coefficient négatif et corrobore avec nos attentes. En d'autres termes, le taux de croissance moyen observé dans la CEMAC durant toute la période étant très faible de l'ordre de 2,65%, n'attirerait pas les investisseurs étrangers ainsi qu'un cadre macroéconomique instable observée surtout ces dernières années suite à la chute du prix de baril de pétrole.

---

[12] : BAfD, OCDE, PNUD (2017) « perspectives économiques en Afrique : Entreprenariat et Industrialisation ».

Les résultats obtenus dans le tableau n°6 permettent de saisir l'effet de l'ensemble des indicateurs de Doing Business sur les IDE afin d'identifier ceux, ayant contribué de plus à la corrélation négative observée entre climat des affaires et IDE dans le tableau 5. En effet, les résultats des estimations économétriques donnent des probabilités qui montrent la significativité de six (6) variables de Doing Business et d'une variable de contrôle qui est « ressources naturelles ». Les variables octroi de permis de construire, protection des investisseurs, commerce transfrontalier et règlement de l'insolvabilité agissent négativement sur les IDE alors que les deux autres variables significatives : transfert de propriété et impôts et taxes agissent positivement sur les IDE.

Les résultats obtenus montrent que le coefficient de paiement des impôts et taxes est positif et significatif à 1% ; ce qui implique que les flux d'IDE dans la zone CEMAC augmenteraient lorsque l'indicateur de paiement des impôts et taxes s'améliore d'une unité. Ce qui suppose que lorsque les investisseurs ne sont plus surtaxés, les irrégularités dans la répartition et dans la collecte supprimées, le système fiscal devient transparent, cela attirera les IDE en direction de la CEMAC. Il en est de même avec les améliorations en matière de transferts de propriété.

Etant donné que Doing Business regroupe les facteurs économiques et réglementaires de facilitation des affaires, les résultats obtenus dans les tableaux n° 7 et n° 8 permettent de savoir sur quel facteur, les pays de la CEMAC ont-ils réalisés des efforts pour améliorer le climat des affaires. En comparant les résultats, dans le domaine économique, seule la variable obtention de prêt présente un coefficient négatif sur les cinq variables retenues. Les autres variables ont des coefficients positifs dont deux variables (paiement des impôts et taxes et raccordement à l'électricité) sont significatives aux seuils de 5% et 10%. Par contre, dans le domaine réglementaire, quatre variables sur les cinq variables retenues présentent des coefficients négatifs dont une variable est significative au seuil de 1% (exécution de contrat).De plus, l'analyse statistique a montré que les pays de la CEMAC ont gagné plus de points en termes de réformes dans le domaine économique que dans le domaine réglementaire. Ce qui montre que les pays de la CEMAC ont réalisé plus d'efforts dans lc domaine économique que règlementaire.

Aussi faudrait-il souligner que les estimations de chaque indicateur de Doing Business sur le climat des affaires présentées dans le tableau n° 9 montrent d'une part, les indicateurs qui ont des effets positifs sur les IDE et d'autre part, ceux qui ont des effets négatifs sur les IDE.

Les indicateurs de Doing Business qui ont des effets positifs significatifs ou non sur l'attractivité des IDE dans la CEMAC se présentent et s'expliquent comme suit :

- L'indicateur de création d'entreprise : la diminution du nombre de jours de création d'entreprise observée dans la CEMAC explique significativement les flux d'IDE. Une baisse de procédures et de coût de démarrage permet à l'investisseur d'éviter la perte de temps et d'atténuer les frais préliminaires de constitution (Jhad, 2019).
- L'indicateur transfert de propriété est positif mais statistiquement non significatif. Toute fois, dans la CEMAC, l'amélioration d'enregistrement des droits de propriétés est fondamentale pour attirer les IDE car souvent, il s'agit des opérations de fusion-acquisitions qui demandent des transferts de propriété fiable et efficace.
- L'indicateur impôts et taxes : la diminution du nombre des impôts à payer par année favorise l'entrée des IDE car une fiscalité moins contraignante est un bon indicateur du climat des affaires.
- Le commerce transfrontalier : cet indicateur a un effet positif et significatif. Cela montre que la facilité de procédures coût d'importation/exportation favorise l'arrivée des investisseurs et les entreprises étrangères considèrent cet indicateur dans leur décision d'investir dans la CEMAC.
- Le raccordement à l'électricité est positif mais statistiquement insignifiant. Mais il reste important car l'accès à l'électricité favorise le bon démarrage des affaires et améliore le climat des affaires.

Les indicateurs de Doing Business qui ont des effets négatifs significatifs ou non sur l'attractivité des IDE dans la CEMAC se présentent et s'expliquent comme suit :

- L'indicateur octroi de permis de construire : les résultats des estimations montrent un effet négatif non significatif sur les IDE.

- L'indicateur obtention de prêt : Bien que non significatif cet indicateur présente un coefficient négatif. Les difficultés d'obtention des prêts pour le démarrage et le développement des affaires dans la CEMAC risquent de décourager l'arrivée des investisseurs étrangers.
- L'indicateur protection des investisseurs minoritaires : le résultat est négatif mais non significatif. Dans un autre contexte, cet indicateur pourrait avoir un effet positif sur les IDE. Cependant, les IDE dans la CEMAC étant majoritairement de type Greenfield, c'est-à-dire que les filiales sont totalement détenues par les sociétés mères, alors l'enjeu de l'actionnariat minoritaire ne s'impose pas aux investisseurs étrangers.
- L'indicateur exécution de contrat affiche un coefficient négatif et significatif. Le facteur judiciaire ou règlementaire est un point très important dans la prise de décision d'investissement. Ce résultat montre que l'exécution de contrat demeure encore un facteur qui décourage les investisseurs étrangers dans la CEMAC en raison de faible gouvernance, mauvaise qualité institutionnelle comme la corruption et la bureaucratie.
- L'indicateur règlement de l'insolvabilité à un effet négatif et significatif sur les IDE dans la CEMAC. Cela s'explique par le fait que les difficultés de procédures d'insolvabilité découragent l'arrivée des investisseurs car dans le cas où ils décident de désinvestir, ils vont maximiser les pertes et ne seront pas en mesure de quitter facilement le territoire CEMAC.

Sur l'ensemble des régressions effectuées et des résultats obtenus, trois enseignements essentiels peuvent être tirés. Premièrement, les résultats montrent que les IDE entrants dans les pays de la CEMAC ne sont pas proportionnels à leur climat des affaires. Ces IDE dépendent essentiellement de la dotation des pays en ressources naturelles. Deuxièmement, aucun indicateur de Doing Business ne neutralise l'effet de ces dotations naturelles sur les IDE. Troisièmement, les pays de la CEMAC ont amélioré leur climat des affaires ces dernières années en mettant plus l'accent sur les indicateurs relatifs à la création d'entreprise, impôts et taxes et dans une moindre mesure le commerce transfrontalier qui sont des indicateurs économiques de Doing Business.

IV.2.2.2.3. Limite de l'étude

Trois éléments importants peuvent constituer une limite pour cette étude : les sources de données, la méthodologie de Doing Business et la théorie *« pull factors* »utilisée. D'abord, il est important de noter que les résultats obtenus sont tributaires de la qualité des données utilisées. Or, les données utilisées lors des estimations proviennent principalement de sources différentes ; ce qui pourrait influencer les résultats des estimations d'autant que les méthodologies utilisées pour agréger les données peuvent être différentes ou les sources de collecte des données primaires utilisées pour calculer ces agrégats peuvent aussi être différentes.

Ensuite, la méthodologie de Doing Business a ses limites. Il convient de souligner que d'autres domaines importants pour évaluer l'attractivité des IDE, notamment la proximité du pays par rapport aux grands marchés, la qualité de ses infrastructures (autres que celles reliées au commerce transfrontalier), la sécurité des biens vis-à-vis du vol et du pillage, la corruption, la transparence des marchés publics et les forces sous-jacentes des institutions, ne sont pas mesurés directement par Doing Business.

Enfin, la théorie *« pull factors »* utilisée qui consiste à expliquer l'environnement des affaires à partir des facteurs internes propres aux pays de la CEMAC n'est pas suffisante pour expliquer l'attractivité des IDE. Les facteurs externes aux pays comme le« *syndrome du mauvais voisinage[13]* », le cours de matières premières, le taux d'intérêt américain et la croissance enregistrée dans les pays développés ou émergents d'où proviennent ses capitaux extérieurs peuvent aussi influencer la décision à long-terme des investisseurs étrangers. Par exemple, la baisse des taux d'intérêts américain peut rendre solvables les pays endettés et cette solvabilité est l'un des indicateurs de confiance pour l'arrivée des investisseurs. Un autre exemple peut être illustré au ralentissement de la croissance économique chinoise. En effet, après avoir atteint un pic de 10,64% en 2010, cette croissance se chiffre à 6,40% en 2018 avec des projections à la baisse de 5,92% en 2020 (Perspectives monde, 2018[14]). Ce ralentissement de la croissance peut non seulement contracter la demande chinoise en matières premières mais aussi freiner l'investissement chinois à l'étranger notamment en Afrique en général et dans la CEMAC en particulier. Ainsi, des études ultérieures devraient utiliser simultanément les théories *« pull factors »* et *« push*

---

[13] : Le « syndrome du mauvais voisinage » traduit le fait que la mauvaise réputation de certains pays en Afrique affecte celles des pays limitrophes, comme les agissements de la secte islamique Boko Haram ont des répercussions sur le Cameroun et le Tchad.
[14] :http://perspective.usherbrooke.ca

factors » pour mieux saisir l'effet de l'environnement interne et externe des affaires sur l'attractivité des IDE dans les pays d'accueil.

V. IMPLICATIONS DE POLITIQUE ECONOMIQUE

Les cinq (5) mesures standards concernant l'environnement des affaires montrent la nécessité de poursuivre des réformes dans les pays membres de la CEMAC. L'étude intitulée « *Economic Freedrom of the World* » de l'Institut Fraser[15], l'indice de liberté économique de la Fondation Héritage (*Heritage Foundation[16]*), le rapport du Forum économique mondial sur la compétitivité mondiale[17], l'étude de la Banque Mondiale sur les entreprises[18] et le rapport Doing Business font tous état d'une faible performance des pays membres de la CEMAC en matière du climat des affaires.

L'étude formule à cet effet, des implications de politique économique pour l'ensemble des domaines couvert par Doing Business dans lesquels les pays de la CEMAC pourraient améliorer leurs performances en matière du climat des affaires afin d'attirer plus les IDE.

Ainsi, pour améliorer leur climat des affaires et occuper une bonne place dans le classement de Doing Business comme les autres pays d'Afrique Subsaharienne, d'Asie ou d'Europe, les pays de la CEMAC devraient :

1- Au niveau de la création d'entreprise, réduire encore le nombre de documents requis lors de l'immatriculation d'une société, réduire aussi les délais afférents à l'ensemble des procédures centralisées auprès des unités de formalités des entreprises des différents pays, améliorer la coopération entre l'ensemble des agences impliquées dans le processus de création et rendre possible l'immatriculation en ligne. Au Rwanda, la création d'entreprise nécessite seulement 2 procédures et 3 jours.

2- Au niveau de l'octroi de permis de construire, réduire le nombre de procédures et les délais afférents aux demandes de permis et au

---

[15] : http://www.freetworld.com/release.html.

[16] : http: //www.heritage.org/Index/

[17] : http://www.weforum.org/en/initiatives/gcp/index.htm

[18] : http: //www.entreprisesurveys.org/

processus de délivrance et publier en ligne la réglementation en matière de construction.

3- Au niveau de transfert de propriété, diminuer le montant des frais applicables à l'enregistrement foncier en établissant un droit d'enregistrement fixe ou forfaitaire indépendamment de la valeur de la propriété et réduire les délais d'obtention des titres fonciers comme au Cap-Vert.

4- Au niveau de l'obtention de prêt, améliorer la disponibilité de l'information sur le crédit. La Géorgie et la Lettonie ont mis en place en 2017 un système d'accès aux informations relatives au crédit en créant un office privé d'évaluation de la solvabilité et un système de dépôt plus facile des déclarations des taxes et impôts par voie électronique.

5- Au niveau de la protection des investisseurs, autoriser les actionnaires minoritaires à consulter les comptes et documents de la société, accorder aux actionnaires minoritaires le droit de réclamer la désignation d'une personne chargée d'inspecter la gouvernance de l'entreprise.

6- Au niveau des impôts et taxes, réduire encore le nombre des taxes en regroupant les impôts et en réduisant le nombre de paiements ainsi que les délais, réaliser une analyse approfondie des interactions entre le contribuable et le système fiscal et proposer aux entrepreneurs des formations et des sensibilisations aux questions des impôts et taxes, afin d'améliorer le respect de la réglementation et le recouvrement.

7- Au niveau du commerce transfrontalier, réduire le nombre de documents requis à l'exportation des marchandises à 5 documents au maximum comme à l'Île Maurice ; mettre surtout en place un système de réception et de transmission électronique de documents commerciaux, mettre en œuvre dans tous les pays des guichets uniques des opérations transfrontalières.

8- Au niveau de l'exécution des contrats, revoir les procédures de dépôt des requêtes et d'exécution dans le cadre de la résolution des litiges, réduire les coûts d'exécution des décisions, notamment les frais d'avocats et les frais de justice.

9- Au niveau du règlement de l'insolvabilité, améliorer les procédures d'insolvabilité ou de fermeture des entreprises. Le Rwanda en 2016 a adopté une nouvelle loi sur l'insolvabilité qui protège les créanciers garantis en cas de suspension automatique dans une procédure de redressement judiciaire, ce qui a fait passer de 12 à 15 l'indicateur relatif à la solidité du cadre d'insolvabilité.

10- Au niveau du raccordement à l'électricité, écourter les délais et baisser les coûts de raccordement à 25% du montant des coûts actuels. Le Niger en 2017 a accéléré le processus de raccordement à l'électricité en augmentant le stock de matériel apporté par le fournisseur d'électricité et en permettant l'obtention du certificat de conformité pour le câblage interne au moment des travaux de raccordement externe à moindre coût, ramenant ainsi le délai de raccordement de 97 à 68 jours.

11- Enfin, au niveau communautaire ou supranational, concrétiser et mettre en œuvre le projet de création d'un organe communautaire pour l'amélioration du climat d'investissement et d'affaires dans la CEMAC décidé par les Etats membres depuis 2009 à Douala (Cameroun) lors de la concertation sous régionale sur la crise financière. Cette institution communautaire devrait avoir deux fonctions : a) une fonction de centrale d'informations sur le climat des investissements dont le climat des affaires devrait constituer un bien commun à tous les Etats membres de la zone CEMAC en procurant à l'ensemble des acteurs concernés une base de travail collectif. Les outils en sont le rassemblement et la collecte d'informations dans les divers Etats, l'organisation et la mise à disposition des dites informations à travers la mise en œuvre d'une base de données et d'un système suivi des progrès et de diffusion ; b) une fonction de diffusion qui permettrait de favoriser une meilleure connaissance de l'environnement du climat des investissements, à travers la collecte, le traitement et la diffusion des informations sur les environnements macroéconomique, microéconomique et méso économique des affaires ; de fournir aux acteurs du système d'informations, la base référentielle nécessaire au développement des investissements et des affaires, à partir des données techniques et économiques utiles, fiables et normalisées et de favoriser des échanges et des plateformes d'échanges d'expériences entre les différents intervenants publics/institutionnels et privés, dans le but d'améliorer le fonctionnement et la compétitivité des filières ciblées.

VI. CONCLUSION

L'objectif principal de cette étude, était d'évaluer l'effet du climat des affaires sur les IDE entrants dans la CEMAC pour ensuite évaluer de façon spécifique, les effets de chaque indicateur de Doing Busines. Il ressort de cette étude que le climat des affaires a un impact négatif et significatif sur les IDE entrants dans la CEMAC pendant la période 2006-2018. Ce résultat s'explique essentiellement par le fait que durant plus d'une décennie, les pays de la CEMAC ont réalisé de faibles scores de la distance à la frontière, située en moyenne à 37,35 contre 47,61 pour l'Afrique sub-saharienne, les plaçant au bas fond du classement de Doing Business du climat des affaires ; ce qui décourage les IDE en direction de la CEMAC. A la lumière de ce résultat, on peut affirmer que notre hypothèse principale a été vérifiée.

L'étude a montré que les IDE entrants dans la CEMAC ne sont proportionnels à leur climat des affaires et qu'une grande part des IDE dans la CEMAC est expliquée par la dotation des pays en ressources naturelles. Celles-ci attirent à elles seules plus de 50% des IDE dans la sous-région. Cela se justifie du fait que les pays de la CEMAC assurent près de 11% de la production du pétrole du continent africain et représentent les pays les plus dotés en ressources naturelles en Afrique subsaharienne ; ce qui constitue un facteur important d'attractivité des investisseurs étrangers.

Concernant l'effet de chaque indicateur de Doing Business, l'étude a montré que les variables : protection des investisseurs, octroi de permis de construire, obtention des prêts, exécution des contrats, transfert de propriété et règlement de l'insolvabilité ont eu un impact négatif sur les IDE entrants dans la CEMAC. Ces indicateurs ne se sont pas améliorés malgré les programmes mis en place dans les différents pays. Par contre, les efforts dans la CEMAC ont été constatés au niveau des indicateurs suivants : création d'entreprises, commerce transfrontalier, impôts et taxes et raccordement à l'électricité. Ces indicateurs ont eu un impact positif sur les IDE entrants dans la CEMAC. On peut donc affirmer que malgré ces efforts, nombre d'indicateurs de Doing Business agissent encore négativement sur les IDE (05 indicateurs sur 10 dont 02 indicateurs sont significatifs) ; d'où la vérification de notre première hypothèse spécifique.

En ce qui concerne l'analyse comparative entre les indicateurs économiques et règlementaires de Doing Business, l'étude a montré que les pays de la CEMAC ont plus progressé dans les indicateurs économiques, notamment la création d'entreprises et le paiement des impôts et taxes que dans les indicateurs règlementaires comme règlement de l'insolvabilité où aucun effort de réforme n'a été observé durant la période de l'étude. De plus, dans les estimations, ces variables regroupées ou séparées entre elles, montrent plus de significativité du côté économique que du côté réglementaire des affaires. Ce qui permet de dire que les facteurs d'ordre économique sont plus attractifs aux yeux des investisseurs que les facteurs d'ordre règlementaire dans la CEMAC ; d'où notre deuxième hypothèse spécifique est vérifiée car les domaines les plus réformés de Doing Business dans la CEMAC sont : la création d'entreprises et le paiement des impôts et taxes qui sont les indicateurs économiques.

Enfin, même si tous les indicateurs de Doing Business n'ont pas le même degré d'importance aux yeux des investisseurs, au regard des performances des pays de la CEMAC en matière du climat des affaires, l'étude a montré d'une part la nécessité de poursuivre des reformes et d'autre part, formulé des implications de politique économique   dans les 10 domaines couverts par Doing Business afin d'améliorer le climat des affaires et attirer plus les IDE.

VII.BIBLIOGRAPHIE

V.II.1. Articles, ouvrages et revues

Ajide, K. etEregha, P. (2014). ''Economic freedom and foreign Direct investment in ECOWAS countries: panel data analysis''. Applied Econometrics and international development vol. 14-2

Akame, A. et *al.*(2016). "The impact of business climate on Foreign Direct Investment in the CEMAC region", journal of Economics and Sustainable development, vol 7, No22, 2016, www.iiste.org.

Alfaro, L. (2003). "Foreign Direct Investment and Growth: Does the Sector Matter?"Working Paper, Harvard Business School, April

Anyanwu, J. (2011). "Determinants of Foreign Direct Investment Inflows to Africa, 1980-2007", Working Paper Series N° 136, African Development Bank, Tunis, Tunisia.

Anyanwu, J. (2012). "Why Does Foreign Direct Investment Go Where It Goes? »New Evidence from African Countries.

Asiedu, E. (2002). "On the Determinants of Foreign Direct Investment to DevelopingCountries: Is Africa different? »World development

Asiedu, E. (2003). «Foreign Direct Investment to Africa: The Role of Government Policy, Governance and Political Instability. »

Asiedu, E. (2006). "Foreign Direct Investment in Africa: The Role of Natural Resources, Market Size, Government Policy, " Institutions and Political Instability.World Economy 29, 63-77.

Bayraktar, N. (2014). "Foreign Direct Investment and Investment Climate" The 2013 WEI International Academic Conference Proceedings. Istanbul: the West East institute.

BCEAO, (2007). "Les déterminants des IDE dans les pays en développement: leçons pour l'UEMOA " N° DER/07/03.

Banque mondiale, (2009). "Rapport Doing Business 2009, comparaison des règlementations dans 181 pays, " Washington.

Banque mondiale (2011). "Rapport du Doing Business 2011, faire une différence pour les entrepreneurs, " Washington.

Banque mondiale, (2012). Rapport du Doing Business 2012, "comparaison de la règlementation des affaires dans les 16 Etats membres et à travers le monde", Washington.

Banque mondiale, (2013). Rapport du Doing Business 2013, "des réglementations intelligentes pour les petites et moyennes entreprises", Washington.

Banque mondiale, (2017). Rapport Doing Business 2017, "comparaison des règlementations s'appliquant aux entreprises locales dans 190 économies pays", Washington DC 20433.

Batana, Y. (2005). "L'analyse des déterminants des flux d'investissements directs étrangers dans les pays de l'UEMOA», papier de recherche, CREA, 56 p.

Bissoon, O. (2011). "Can Better Institutions Attract More Foreign Direct Investment (FDI)? Evidence from Developing Countries".International Conference on Applied Economics ICOAE 59.

Boungou B.*et al.* (2011). "L'impact des politiques fiscales et douanières sur les PME dans la CEMAC: une analyse comparative Congo-RCA", rapport de recherche, Trustafrica, Dakar, Sénégal.

Carr, D. L., J. R. Markusen, *et al.*(2001). "Estimating the Knowledge-Capital Model of the Multinational Entreprise." The American Economic Review 91(3): 693-708.

Caves, R. (1996). ''Multinational Enterprise and Economic analysis'', second edition, Cambridge University press, Cambridge.

CNUCED (1999). Rapport sur l'investissement dans le monde, 1999. Genève, CNUCED.

CNUCED, (2005). "Le Développement Economique en Afrique: Repenser le Rôle de l'investissement étranger direct «, Nation Unies, New York et Genève.

CNUCED, (2012). Rapport sur l'investissement dans le monde, "vers une nouvelle génération de politique de l'investissement", New York et Genève.

CNUCED, (2013). Rapport sur l'investissement dans le monde vue d'ensemble, ''les chaines de valeurs mondiales : l'investissement et le commerce au service du développement'', New York et Genève.

Daude, .C and Stein, E. (2007). "The Quality of Institutions and Foreign Direct Investment", Economics and Politics, Volume 19, No. 3, November, 317-344.

Djaowé, J. (2009). "Investissements directs étrangers (IDE) et gouvernance" : les pays de la CEMAC sont-ils attractifs ? , Revue Africaine de l'Intégration, Vol.3, No 1.

Djé, P. (2008). "Les déterminants des investissements directs étrangers dans les pays en développement : enseignements pour les pays de l'UEMOA", Revue Economique etMonétaire, n°3, pp. 53-86.

Dunning, J. (1973). '' The Determinants of International Production''.Oxford Economic Papers, 1973, vol. 25, issue 3, 289-336

Dunning, J. (1977). ''Trade, location of economic activity and the MNE: a search for an eclectic approach in The International Allocation of Economic Activity''.Edited by B. Ohlin and P.O.Hesseltborn. London: Macmillan, 395-418.

Ekodo et *al.* (2018). '' Impact de la corruption sur l'attractivité des IDE : les résultats d'une étude empirique menée en zone CEMAC '', Journal Business of Economic (JBE), vol 6 n°3 p173-188.

Jhad, A. (2019). « Relation entre le Doing Business dans l'ASS et les IDE marocains : 2004-2017 », Revue finance et finance internationale, n°15, juillet 2019.

Hymer, S. (1976). ''The International Operations of National Firms: A Study of Direct Foreign Investment'': thèse de doctorat, département d'économie, MIT Press, © 1976.

Khedhiri, S. (2005). "Cours d'économétrie", Centre de Publication Universitaire, Tunis. pp. 85-95.

Kofarbai, H. et Bambale, A. (2016). ''Climat d'investissement et investissement direct étranger au Nigéria: le rôle médiateur de la facilité de faire des affaires''. Journal of Energy and Economic Development, 2 (2), 10–39.

Kinyondo, M. (2012). "Determinants of Foreign Direct Investment in Africa: A Panel Data Analysis." Global.

Loungani, P et Razin, A. (2001). "L'investissement direct étranger est-il bénéfique aux pays en développement? Finances et développement.

Lahimer, N. (2009). ''La contribution des investissements directs étrangers à la réduction de la pauvreté en Afrique subsaharienne'', Université Paris Dauphine, centre de recherche : EURISCO.

Lall, S. (2000). ''FDI and Development Policy and Research Issues in the Emerging Context'' Queen Elizabeth House working paper, No. 43, Oxford University.

Lipsey, R, E. (1999). ''The location of characteristics of US affiliates in Asia''. NBER workingpaper n°6876.

Mahuni, K. et Bonga, G. (2017). ''Nexus entre les indicateurs de la pratique des affaires et les investissements directs étrangers au Zimbabwe: une analyse des séries chronologiques''. Journal of Economics and Finance, 2 (2), 1–8.

Mohamed, G. et Seifallah, S. (2012). "Économétrie des données de panel sous STATA", Université de Carthage, 1ère édition.

Mohamed, T. et *al*. (2018). ''Facilité à faire des affaires et son impact sur les IDE entrants.'' Revue Indonesienne de gestionetd'économied'entreprise. Vol, 1, N°1. 52-65.

Moges, E. et Begum, M. (2016). "L'utilité de faire des affaires et le flux des investissements directs étrangers: le cas de l'Ethiopie". Revue de recherche internationale sur l'ingénierie et la technologie, 3 (5), 2049-2057.

Moosa, I. (2002). "Foreign Direct Investment: Theory, Evidence and Practice", Palgrave Macmillan.

Morisset, J. (2000). "Foreign Direct Investment in Africa: Policies Matter", Transnational Corporation 9 (2), 107-125.

Nabil, K. (2008). « Les déterminants de l'investissement direct étranger dans les pays d'accueil en développement », cahier du CREAD n°83-84, 2008, pages 69-90.

Nnadozie, E. and Njuguna, E. (2011). "Investment Climate and Foreign Direct Investment in Africa," the 6th African Economic Conference in Addis Ababa, Ethiopia on 26-28 October 2011.

Ndinga, M. M.A. (2018). « Initiation à la recherche en sciences économiques, guide de travail des masters et doctorants », édition l'Harmattan, Paris, 121 pages.

Onyeiwu, S. (2000)."Foreign Direct Investment, Capital Outflow and Economic Development in the Arab World" in Journal and Development Economic, Policies, vol2, n°2, pp.27-57.

Sadig, A. (2009). "The effects of corruption on Foreign Direct Investment inflows".Calo journal, vol 29, No 2.

Salomon, E.M (2011)."Foreign Direct Investment, Host Country Factors and economic Growth."EnsayosRevista de Economica-XXX (1): 41-70.

Shatz, H. and Venables, A. (2000). "The Geography of International Investment", World Bank Working Paper No. 2338.

Sekkat, K. etVeganzones-Varoudakis, M. (2005), "Trade and Foreign Exchange Liberalization, Investment Climate and FDI in the MENA", Working paper DULBEA.No.5.

Singh and Jun (1995). "Some New Evidence on Determinants of Foreign Direct Investment in Developing Countries".World Bank Policy Research Working Paper n°1531.

Swarnali, H.A (2017) "The Drivers of Capital Flows in Emerging Markets Post Global Financial Crisis," Journal of International Commerce, Economics and Policy, Vol. 8, N°.2, pp. 1–28

Swarnali, H.A. (2018). "Revisting the Determinants of Capital Flows to Emerging Markets: a survey of Evolving Literature" IMF Working Paper N° 214, September 2018.

Vernon, R. (1966). "International Investment and International Trade in the Product Cycle", Quarterly Journal of Economics, vol.80, pp.190-207.

V.II.2. Sites internet

- http://perspective.usherbrooke.ca (base de données de perspectives monde)
- http://www.freetworld.com/release.html(rapport sur la liberté économique dans le monde)
- http: //www.heritage.org/Index/ (rapport sur l'indice de liberté économique)
- http://www.weforum.org/en/initiatives/gcp/index.htm (rapport sur le forum mondial sur la compétitivité mondiale)
- http: //www.entreprisesurveys.org/ (rapport sur les enquêtes sur les entreprises)
-https://databank.banquemondiale.org/data/ (indicateurs de développement dans le monde de la Banque mondiale)
- http://www.doingbusiness.org/data/ (base de données des indicateurs de Doing Business)
-https://unctadstat.unctad.org(base de données de la CNUCED sur les IDE dans le monde).

Figure n°1 : Cadre méthodologique de l'étude

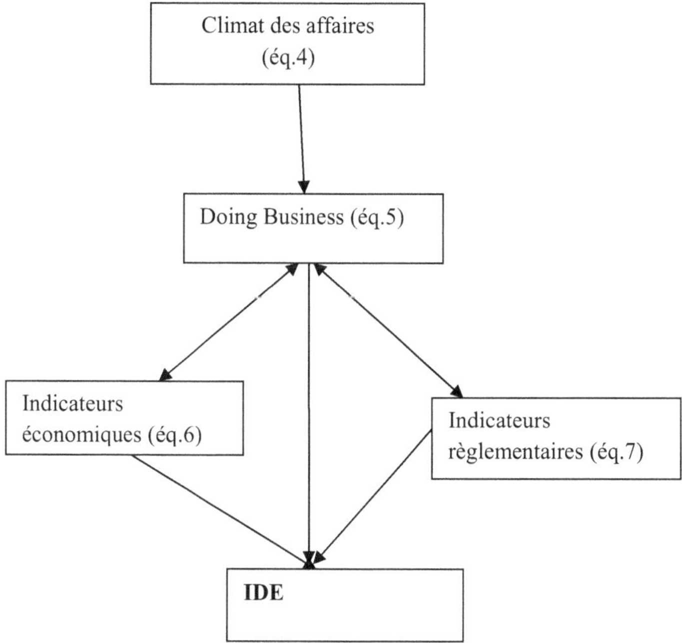

Source : *auteur*

Tableau n°1 : Corrélation des indicateurs économiques de Doing Business

	ideenpib	creati~s	obten~08	imptse~e	docume~e	raccor~s
ideenpib	1.0000					
creationes~s	0.5548	1.0000				
obtention~08	-0.1248	-0.1653	1.0000			
imptsettax~e	0.1400	0.0348	-0.2539	1.0000		
documents1~e	0.1281	-0.1637	0.0754	0.3712	1.0000	
raccordeme~s	0.0967	-0.1617	0.2739	-0.1247	0.1819	1.0000

Source : *auteur à partir de Stata 11*

Tableau n°2 : Corrélation des indicateurs réglementaires de Doing Business

	octroi~s	transf~s	reglem~e	prot~010	execut~s
octroiperm~s	1.0000				
transfertd~s	0.2671	1.0000			
reglementi~e	0.1777	-0.1520	1.0000		
protecti~010	0.1763	0.5936	-0.1503	1.0000	
executiond~s	0.1222	0.2942	0.1573	0.3202	1.0000

Source : *auteur à partir de Stata 11.*

Tableau n°3 : Statistiques descriptives

Variable	Obs	Mean	Std. Dev.	Min	Max
ideenpib	78	5.5	7.228641	-5	39
climatdesa~s	78	37.35897	5.37907	26	48
creationes~s	78	73.84615	50.55897	14	167
octroiperm~s	78	192.6026	38.34374	136	329
transfertd~s	78	60.38462	23.12262	23	103
obtention~08	78	3.576923	1.274314	1	7
protecti~010	78	3.410256	1.144562	1	6
imptsettax~e	78	47.37179	11.35051	25	64
documentsl~e	78	9.307692	2.046903	4	14
executiond~s	78	704.0897	199.0151	400	1100
raccordeme~s	78	110.9359	47.06843	55	230
reglementi~e	78	5.397436	1.488831	2	8
inflationen	78	3.012821	10.14888	-30	25
croissanceen	78	3.089744	5.040578	-10	18
ressources~n	78	65.12821	20.33445	33	95

Source : *auteur à partir de Stata 11.*

Tableau n° 4 : Test de Fisher du modèle de l'équation (4)

```
Fixed-effects (within) regression          Number of obs      =         78
Group variable: codepays                   Number of groups   =          6

R-sq:  within  = 0.0387                     Obs per group: min =         13
       between = 0.0210                                     avg =       13.0
       overall = 0.0275                                     max =         13

                                            F(4,68)            =       0.68
corr(u_i, Xb)  = 0.0067                     Prob > F           =     0.6051
```

ideenpib	Coef.	Std. Err.	t	P>|t|	[95% Conf. Interval]	
climatdesa~s	-.1833272	.2043102	-0.90	0.373	-.5910219	.2243676
inflationen	-.0663512	.0523493	-1.27	0.209	-.1708126	.0381103
croissanceen	-.0257081	.1078342	-0.24	0.812	-.2408878	.1894716
ressources~n	.0057538	.0922615	0.06	0.950	-.1783511	.1898587
_cons	12.25352	8.760481	1.40	0.166	-5.22775	29.73478

sigma_u	6.1842641					
sigma_e	4.5812079					
rho	.64567704	(fraction of variance due to u_i)				

```
F test that all u_i=0:      F(5, 68) =    12.61             Prob > F = 0.0000
```

Source *: auteur à partir de Stata 11.*

Tableau n°5 : Test de Fisher du modèle de l'équation (5)

```
Fixed-effects (within) regression          Number of obs      =        78
Group variable: codepays                   Number of groups   =         6

R-sq:  within  = 0.2659                     Obs per group: min =        13
       between = 0.2851                                    avg =      13.0
       overall = 0.2661                                    max =        13

                                            F(13,59)           =      1.64
corr(u_i, Xb)  = -0.3334                    Prob > F           =    0.0987
```

ideenpib	Coef.	Std. Err.	t	P>|t|	[95% Conf.	Interval]
creationes~s	.0588037	.0291256	2.02	0.048	.0005234	.1170839
octroiperm~s	-.0026705	.0236214	-0.11	0.910	-.0499367	.0445958
transfertd~s	.0226655	.0464689	0.49	0.628	-.0703184	.1156495
obtention~08	.345369	.4913622	0.70	0.485	-.6378444	1.328582
protecti~010	-1.14229	.6318194	-1.81	0.076	-2.406557	.1219781
imptsettax~e	.3200787	.1609397	1.99	0.051	-.001961	.6421183
documentsl~e	-1.027268	.462761	-2.22	0.030	-1.953251	-.1012858
executiond~s	-.0033034	.0091145	-0.36	0.718	-.0215415	.0149348
raccordeme~s	.0289097	.0294091	0.98	0.330	-.0299377	.0877571
reglementi~e	-.3166218	.4979034	-0.64	0.527	-1.312924	.6796806
inflationen	-.0561229	.05053	-1.11	0.271	-.1572332	.0449875
croissanceen	-.0080066	.1169903	-0.07	0.946	-.2421036	.2260904
ressources~n	.0473647	.0920045	0.51	0.609	-.1367359	.2314653
_cons	-4.701059	10.5904	-0.44	0.659	-25.89241	16.49029

```
sigma_u | 5.6788409
sigma_e | 4.2979151
    rho | .63581234   (fraction of variance due to u_i)

F test that all u_i=0:     F(5, 59) =     4.24              Prob > F = 0.0023
```

Source : auteur à partir de Stata 11.

Tableau n°6: Test de Hausman de l'équation (5)

```
. hausman fe re

                 ——— Coefficients ———
                   (b)          (B)           (b-B)      sqrt(diag(V_b-V_B))
                   fe           re          Difference          S.E.

creationes~s     .0588037     .0621381     -.0033344          .0141138
octroiperm~s    -.0026705    -.036204       .0335335                  .
transfertd~s     .0226655     .0772508     -.0545853          .0111739
obtention~08     .345369      .0292579      .3161112                  .
protecti~010   -1.14229      -.4872132     -.6550763                  .
imptsettax~e     .3200787     .3818466     -.0617679          .1238051
documentsl~e   -1.027268     -.3221173     -.7051511          .2289898
executiond~s    -.0033034     .0070962     -.0103995          .0077168
raccordeme~s     .0289097     .0488982     -.0199885          .0230687
reglementi~e    -.3166218    -1.332565      1.015943           .1815633
 inflationen    -.0561229    -.0484329      -.00769                   .
croissanceen    -.0080066    -.0230034      .0149968                  .
ressources~n     .0473647     .1709809     -.1236162          .0651042

                   b = consistent under Ho and Ha; obtained from xtreg
       B = inconsistent under Ha, efficient under Ho; obtained from xtreg

    Test:  Ho:  difference in coefficients not systematic

         chi2(13) = (b-B)'[(V_b-V_B)^(-1)](b-B)
                  =        23.39
         Prob>chi2 =       0.0373
         (V_b-V_B is not positive definite)
```

Source *: auteur à partir de Stata 11*

Tableau n°7 : Test de Breusch-Pagan de l'équation (5)

```
Breusch and Pagan Lagrangian multiplier test for random effects

    ideenpib[codepays,t] = Xb + u[codepays] + e[codepays,t]

Estimated results:
                        Var        sd = sqrt(Var)
            ideenpib    52.25325      7.228641
                   e    18.47207      4.297915
                   u           0             0

Test:    Var(u) = 0
                      chi2(1) =      0.11
                   Prob > chi2 =      0.7436
```

Source : *auteur à partir de Stata 11.*

Tableau n°8: Test d'auto –corrélation de l'équation (5)

```
. xtreg residu  residul1 residul2

Random-effects GLS regression            Number of obs      =        66
Group variable: codepays                 Number of groups   =         6

R-sq:  within  = 0.0437                   Obs per group: min =        11
       between = 0.5875                                  avg =      11.0
       overall = 0.0470                                  max =        11

Random effects u_i ~ Gaussian            Wald chi2(2)       =      3.10
corr(u_i, X)       = 0 (assumed)         Prob > chi2        =    0.2118

------------------------------------------------------------------------------
      residu |      Coef.   Std. Err.      z    P>|z|     [95% Conf. Interval]
-------------+----------------------------------------------------------------
    residul1 |   .1706458   .1151537     1.48   0.138    -.0550512    .3963428
    residul2 |  -.1345743   .1154546    -1.17   0.244    -.3608611    .0917125
       _cons |  -.1408323   .5106666    -0.28   0.783    -1.141721    .8600559
-------------+----------------------------------------------------------------
     sigma_u |          0
     sigma_e |  4.1777864
         rho |          0   (fraction of variance due to u_i)
------------------------------------------------------------------------------
```

Source : *auteur à partir de Stata 11.*

Tableau n°9 : Test d'hétéroscédasticité du modèle de l'équation (4)

```
Random-effects GLS regression              Number of obs      =        78
Group variable: codepays                   Number of groups   =         6

R-sq:  within  = 0.9757                     Obs per group: min =        13
       between = 0.9843                                    avg =      13.0
       overall = 0.9788                                    max =        13

Random effects u_i ~ Gaussian              Wald chi2(4)       =   2969.69
corr(u_i, X)       = 0 (assumed)           Prob > chi2        =    0.0000
```

residu2	Coef.	Std. Err.	z	P>|z|	[95% Conf.	Interval]
climatdesa~s	-2.02398	.0731894	-27.65	0.000	-2.167429	-1.880532
inflationen	-.8471307	.0201092	-42.13	0.000	-.8865441	-.8077173
croissanceen	-.3643229	.0412412	-8.83	0.000	-.4451542	-.2834917
ressources~n	.4764216	.0277575	17.16	0.000	.4220179	.5308253
_cons	80.10971	2.956361	27.10	0.000	74.31534	85.90407
sigma_u	1.936813					
sigma_e	1.7867874					
rho	.54022518	(fraction of variance due to u_i)				

Source : *auteur à partir de Stata 11.*

Tableau n°10 : Test d'hétéroscédasticité du modèle de l'équation (5)

```
Random-effects GLS regression              Number of obs      =          78
Group variable: codepays                   Number of groups   =           6

R-sq:  within  = 0.2372                     Obs per group: min =          13
       between = 0.9581                                     avg =        13.0
       overall = 0.3953                                     max =          13

Random effects u_i ~ Gaussian              Wald chi2(13)      =       41.84
corr(u_i, X)        = 0 (assumed)           Prob > chi2        =      0.0001
```

residu2	Coef.	Std. Err.	z	P>|z|	[95% Conf.	Interval]
creationes~s	.3941087	.1417027	2.78	0.005	.1163765	.6718408
octroiperm~s	.0215675	.1351505	0.16	0.873	-.2433226	.2864575
transfertd~s	.0788603	.2508706	0.31	0.753	-.4128371	.5705577
obtention~08	1.669356	2.917129	0.57	0.567	-4.048112	7.386823
protecti~010	-1.282035	3.634062	-0.35	0.724	-8.404664	5.840595
imptsettax~e	1.290636	.5719243	2.26	0.024	.1696847	2.411587
documents1~e	.4118981	2.236615	0.18	0.854	-3.971788	4.795584
executiond~s	.0596904	.026977	2.21	0.027	.0068164	.1125643
raccordeme~s	-.0005402	.1014531	-0.01	0.996	-.1993846	.1983042
reglementi~e	-4.548107	2.57859	-1.76	0.078	-9.602049	.505836
inflationen	-.0908258	.3086738	-0.29	0.769	-.6958154	.5141638
croissanceen	-.1323038	.6870174	-0.19	0.847	-1.478833	1.214226
ressources~n	.0954288	.3615763	0.26	0.792	-.6132477	.8041052
_cons	-113.5715	54.45037	-2.09	0.037	-220.2923	-6.850735
sigma_u	0					
sigma_e	27.137692					
rho	0	(fraction of variance due to u_i)				

Source : *auteur à partir de Stata 11.*

Tableau n°11 : Estimations de l'effet du climat des affaires sur les IDE dans la CEMAC

```
Linear regression, absorbing indicators          Number of obs =      78
                                                 F(  4,    61) =    5.27
                                                 Prob > F      =  0.0010
                                                 R-squared     =  0.3284
                                                 Adj R-squared =  0.1523
                                                 Root MSE      =  6.6556
```

		Robust				
ideenpib	Coef.	Std. Err.	t	P>|t|	[95% Conf.	Interval]
climatdesa~s	-.4811313	.1839755	-2.62	0.011	-.849013	-.1132495
inflationen	-.0245355	.1306744	-0.19	0.852	-.2858352	.2367641
croissanceen	-.1107788	.1896748	-0.58	0.561	-.4900571	.2684995
ressources~n	.2253347	.0584768	3.85	0.000	.1084031	.3422662
_cons	9.23463	4.813348	1.92	0.060	-.3902542	18.85951
annees	absorbed				(13 categories)	

Source : *auteur à partir de Stata 11.*

Tableau n°12 : Estimations de l'effet des indicateurs de Doing Business sur les IDE dans la CEMAC

```
Linear regression, absorbing indicators          Number of obs =        78
                                                 F( 13,     52) =      5.60
                                                 Prob > F       =    0.0000
                                                 R-squared      =    0.6998
                                                 Adj R-squared  =    0.5554
                                                 Root MSE       =    4.8199
```

ideenpib	Coef.	Robust Std. Err.	t	P>|t|	[95% Conf.	Interval]
creationes~s	.0454973	.0299773	1.52	0.135	-.0146565	.1056511
octroiperm~s	-.0809856	.0263398	-3.07	0.003	-.1338403	-.0281309
transfertd~s	.1435978	.0548542	2.62	0.012	.0335248	.2536709
obtention~08	.1834844	.4728844	0.39	0.700	-.7654276	1.132396
protecti~010	-1.40768	.7938578	-1.77	0.082	-3.000672	.1853124
imptsettax~e	.4838073	.1254179	3.86	0.000	.2321378	.7354767
documents1~e	-.8795179	.5195537	-1.69	0.096	-1.922079	.1630428
executiond~s	.0069118	.0071792	0.96	0.340	-.0074944	.021318
raccordeme~s	.0685297	.0178291	3.84	0.000	.0327529	.1043065
reglementi~e	-1.433812	.6437435	-2.23	0.030	-2.725578	-.1420459
inflationen	-.0600295	.0877889	-0.68	0.497	-.2361908	.1161319
croissanceen	-.1456824	.200034	-0.73	0.470	-.54708	.2557152
ressources~n	.234085	.0717352	3.26	0.002	.0901377	.3780323
_cons	-20.81804	10.61581	-1.96	0.055	-42.12022	.4841357
annees	absorbed					(13 categories)

Source : *auteur à partir de Stata 11*

Tableau n°13 : Estimations de l'effet des indicateurs économiques de Doing Business sur les IDE dans la CEMAC

Linear regression, absorbing indicators

```
Number of obs =       78
F(  8,     57) =     4.22
Prob > F       =   0.0005
R-squared      =   0.5481
Adj R-squared  =   0.3895
Root MSE       =   5.6478
```

ideenpib	Coef.	Robust Std. Err.	t	P>|t|	[95% Conf. Interval]	
creationes~s	.0115926	.0262723	0.44	0.661	-.0410168	.0642019
obtention~08	-.0937951	.4353881	-0.22	0.830	-.9656446	.7780544
imptsettax~e	.4014192	.159108	2.52	0.014	.082811	.7200275
documents1~e	.2725416	.4123772	0.66	0.511	-.5532294	1.098313
raccordeme~s	.021369	.0111407	1.92	0.060	-.0009399	.0436778
inflationen	-.0708886	.1144663	-0.62	0.538	-.3001035	.1583262
croissanceen	-.0200722	.1913034	-0.10	0.917	-.4031507	.3630062
ressources~n	.2900993	.1003688	2.89	0.005	.0891143	.4910842
_cons	-37.50554	11.92749	-3.14	0.003	-61.38993	-13.62116
annees	absorbed					(13 categories)

Source : *auteur à partir de Stata 11.*

Tableau n°14 : Estimations de l'effet des indicateurs réglementaires du Doing Business sur les IDE dans la CEMAC

```
Linear regression, absorbing indicators        Number of obs =        78
                                                F(  8,     57) =      3.52
                                                Prob > F       =    0.0023
                                                R-squared      =    0.4310
                                                Adj R-squared  =    0.2314
                                                Root MSE       =    6.3373
```

ideenpib	Coef.	Robust Std. Err.	t	P>|t|	[95% Conf.	Interval]
octroiperm~s	-.0126537	.0224499	-0.56	0.575	-.0576088	.0323013
transfertd~s	.0364606	.0460629	0.79	0.432	-.0557787	.1286999
protecti~010	-.5626285	.7790885	-0.72	0.473	-2.122726	.9974694
executiond~s	-.0108298	.0040228	-2.69	0.009	-.0188854	-.0027742
reglementi~e	-1.356492	.9419555	-1.44	0.155	-3.242725	.5297415
inflationen	-.0705468	.1174976	-0.60	0.551	-.3058317	.1647381
croissanceen	-.0606646	.2731373	-0.22	0.825	-.6076127	.4862835
ressources~n	.1748324	.041915	4.17	0.000	.0908991	.2587656
_cons	11.67048	4.964636	2.35	0.022	1.728965	21.61199
annees	absorbed					(13 categories)

Source : *auteur à partir de Stata 11.*

Tableau n°15 : Moyenne des indicateurs macro-économiques par pays : 2006-2018.

```
Summary statistics: mean
  by categories of: pays
```

pays	ideenpib	ressou~n	climat~s	inflat~n	croiss~n
cameroun	2	54.92308	43.69231	2.307692	4.076923
congo	18	85	36.23077	2.692308	2.615385
gabon	3.769231	86.53846	41.69231	1.923077	3.076923
guinée éq	5.076923	80.07692	38.76923	4.615385	2.076923
rca	1.769231	39.84615	30	4.769231	2.538462
tchad	2.384615	44.38462	33.76923	1.769231	4.153846
Total	5.5	65.12821	37.35897	3.012821	3.089744

Source : *auteur à partir de Stata 11.*

Tableau n°16 : Moyenne des indicateurs de Doing Business par pays : 2006-2018.

```
Summary statistics: mean
  by categories of: pays
```

pays	creati~s	octroi~s	transf~s	obten~08	prot~010	imptse~e	docume~e	execut~s	raccor~s	reglem~e
cameroun	17.84615	172.3846	89.15385	3.692308	4.307692	45.23077	11	801.1538	65.46154	4.307692
congo	130.2308	176.8462	57	2.923077	3.692308	52.92308	10.84615	581.5385	121.3846	3.769231
gabon	59.92308	215	59.61538	4.153846	3.923077	26.61538	7.384615	1068.154	156.3846	6.076923
guinée éq	137.6154	183.4615	30.92308	3.846154	2.153846	44.30769	8.076923	496.7692	79.53846	5.615385
rca	26.30769	241.0769	78.53846	4.076923	3.615385	57.30769	10.84615	612.6923	167.6154	5.923077
tchad	71.15385	166.8462	47.07692	2.769231	2.769231	57.84615	7.692308	664.2308	75.23077	6.692308
Total	73.84615	192.6026	60.38462	3.576923	3.410256	47.37179	9.307692	704.0897	110.9359	5.397436

Source : *auteur à partir de STATA 11.*

Tableau n°17 : Théories de l'IDE et de la localisation des entreprises : 1960- 2000.

	1960s	1970s	1980s	1990s
1. Théorie de l'organisation industrielle : Pourquoi les firmes d'une nationalité donnée sont capables de pénétrer (à travers les IDE) la valeur ajoutée d'une firme d'une autre nationalité.	Hymer (1960, 1968,1976)	Caves (1971,1974)	Teece (1981→1992)	McCullough
2. Théorie de la firme : Pourquoi et comment les firmes développent leurs activités internes en dehors de leurs pays d'origine a) Basé sur les ressources b) Basé sur la stratégie c) Stratégie d'internationalisation	Coase (1937) Penrose (1958) Vernon (1966)	Buckley &Casson (1976) Williamson (1975) →Knicketbocker (1973); Graham (1975); Flowers (1976) Johanson&Vahne (1977)	→ 1985 Krugman (1981) Hill &kim (1988) Bartlett &Ghoshal (1989) Wernerflet (1984) Nelson&Winter Vernon (1982) Hostman& Markussen (1987)	→ 1998 → 2000 Doz, Awakawa, & Williamson (1997) Cantwell (1989, 1994) Teece, Pissano (1997) Graham (1990, 1998)
3. Théories du commerce international : Pourquoi les firmes	Vernon (1966)	Hirsch (1976)	Ethier (1986)	Batra &Ramachandran (1980) Markussen

102

				(1984→1999) Helpman (1984, 1985)
s'engagent dans les IDE plutôt que d'exporter, et comment les IDE affectent le commerce international				
4. Théories de localisations : Quel sont les déterminants de localisation des firmes a) Internationalisation b) Les agglomérations c) Taux de change d) Possession de la technologie e) Coûts de transactions	Vernon (1966) Hirasch (1967)	Dunning (1972) Vernon (1974) Root& Ahmed (1979) Johanson&Va hlne (1977→1990) Aliber (1971)	Davidson (1980) Lipsey & Kravis (1982) Shneider& Frey (1985) Cushman (1985) Culem (1988)	Krugman 1991, 1993 Chen (1998) Porter 1998 Audretsch (1998) Froot& Stein (1991) Porter (1994, 1998)
5. Théories de l'IDE : Pourquoi les firmes financent-elles leurs investissements à l'étranger par des capitaux du pays d'origine ? et quel sont les déterminants des IDE ? incertitude et risque Taux de change/ imperfections sur le marché.		Rugman (1975, 1979) Agmon& Lessard (1977) Aliber (1971)	Lessard (1982) Cushman (1985)	Rivoli &Salorio (1996) Rangan (1998) Frost & Stein (1991)

Source : *auteur*